LA PHOTOGRAPHIE

FRÉDÉRIC RIPOLL
DOMINIQUE ROUX

LES ESSENTIELS MILAN

Sommaire

Les mots suivis d'un astérisque (*) sont expliqués dans le glossaire.

La photographie

D ans une civilisation de l'image où l'explosion des moyens technologiques de production et de communication des images bouleverse chaque jour un peu plus nos habitudes culturelles, la photographie fait figure de résistante. Elle résiste, en effet, à tout système réducteur, à toute catégorisation, comme la vie même qu'elle capte.

Contrairement à une idée reçue, la photographie n'est pas un art populaire. Sa banalisation fait écran à sa compréhension en tant que pratique artistique. Pourtant, aucun phénomène culturel n'a eu autant d'importance depuis l'invention de l'imprimerie.
L'ambiguïté de la photographie, due au rapport intime qu'elle entretient avec le réel, et la reconnaissance dans son histoire d'œuvres significatives, nous obligent, d'une part, à la distinguer de toute autre forme de représentation, et d'autre part à distinguer la photographie d'auteur ou créative de la photographie d'illustration.

Nous avons donc choisi d'aller à ce qui nous paraît essentiel : une réflexion en alternance sur la nature de la photographie, et sa « mise en œuvre » dans l'acte photographique et dans son histoire.

AVERTISSEMENT :
Les chapitres de la partie intitulée *Éléments de réflexion* peuvent apparaître complexes mais demeurent essentiels à une juste et totale compréhension du sujet.

La photographie : une invention du XIXe siècle

Les connaissances optiques et chimiques étaient là depuis longtemps, mais il a fallu attendre 1839 pour qu'elles soient mises en relation et permettent une des plus belles inventions du XIXe siècle.

Dessin en coupe d'une *camera obscura* à deux places.
Il suffisait au peintre de s'y enfermer et de décalquer sur le papier la projection du paysage extérieur. Léonard de Vinci (1452-1519) fut l'un des premiers à l'utiliser dans sa peinture.

La préhistoire de la photographie

Côté optique, c'est à Aristote (384-322 av. J.-C.) qu'il faut remonter pour trouver trace dans ses écrits de cette mystérieuse constatation : une chambre noire percée d'un petit trou (le sténopé) permet de visualiser sur la paroi opposée la projection inversée de la réalité extérieure. Mais il faut attendre 1550 pour que Jérôme Cardan (mathématicien et philosophe italien, 1501-1576) améliore le procédé, par l'adjonction d'une lentille de verre, et donne un outil aux peintres, la *camera obscura*, qui leur permet de représenter le monde dans ses trois dimensions.

Côté chimique, l'action de la lumière sur certaines surfaces était déjà connue plusieurs siècles avant J.-C. par les peintres qui avaient eu à résoudre les problèmes de fixation des couleurs. Mais c'est au tout début du XVIIIe siècle que Heinrich Schultze (1687-1744) démontre que les sels d'argent réagissent à l'action de la lumière.

Un peu plus tard, des procédés comme le *portrait silhouette* et son perfectionnement le *physionotrace* manifestent le besoin de dépasser la ressemblance et d'obtenir des portraits de profil par simple décalquage.

Les besoins de la société

Si le XIXe reste le siècle de nombre des inventions qui aujourd'hui conditionnent notre manière de vivre, c'est qu'il est l'époque de transformations radicales. L'industrialisation, notamment, marque le passage d'un système où l'individu (l'artisan) fabrique lui-même des objets pour les vendre, à un système où l'invention de machines permet leur fabrication en grand nombre par des ouvriers travaillant pour un patron (l'industriel).

La naissance du capitalisme et de l'économie de marché impliquent concurrence et compétitivité : il s'agit donc de produire au moindre coût. Il s'ensuit des bouleversements sociaux : montée de la bourgeoisie (qui a l'argent), et prolétarisation de l'artisan qui quitte son village pour venir s'installer en ville à proximité des usines.

Le changement de mode de production des images

La peinture avait jusque-là suffi à la représentation de la réalité. Les nouvelles exigences, tant du point de vue économique – gagner du temps pour produire à moindre coût des objets identiques et parfaits – que du point de vue social – besoin d'images de la bourgeoisie qui cherche à montrer et à imposer son nouveau pouvoir (le côté « m'as-tu-vu » du bourgeois) – vont nécessiter des images à la fois exactes, reproductibles et au meilleur coût. La photographie répond à toutes ces exigences !

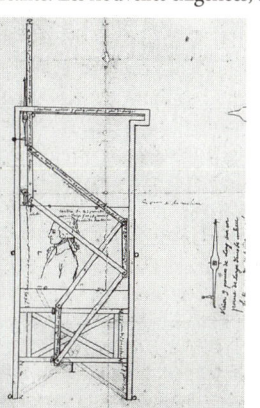

Toute invention nouvelle est conditionnée par une série d'expériences et de connaissances antérieures, et par les besoins de la société. Le XIXe siècle avait besoin d'une rupture dans l'ordre de la représentation : il inventa la photographie.

ATIQUE | **APPROFONDIR**

Les inventeurs de la photographie

Quatre hommes, par des voies différentes, vont parvenir à la création de cette image radicalement nouvelle qui ira en s'améliorant tout au long du XIXᵉ siècle.

Deux inventeurs : Niepce et Daguerre

Nicéphore Niepce.

C'est à Chalon-sur-Saône que Nicéphore Niepce (1765-1833) va chercher dès 1816 à fixer cette image obtenue dans la *camera obscura*. À force d'obstination et de tâtonnements successifs, il utilisera une couche photosensible à base de bitume de Judée qui lui donnera ses premiers résultats, baptisés héliographies.

En 1829, il s'associe avec un décorateur de théâtre parisien, Jacques Daguerre (1787-1851), qui de son côté cherchait pour ses spectacles à réaliser des images à partir de la *camera obscura*.

Ci-contre :
Jacques Daguerre.

Niepce meurt en 1833, mais de leur collaboration naîtra en 1839 l'invention du premier procédé photographique : le daguerréotype*. Émulsion d'argent sur plaque de cuivre développée aux vapeurs de mercure, il permet de réaliser une image de bonne qualité mais dont l'inconvénient majeur est sa non-reproductibilité.

L'invention du procédé négatif/positif

Hippolyte Bayard (1801-1887), employé au ministère des Finances, avait obtenu dès 1839 des images sur papier directement positives. Mais leur médiocre qualité n'avait pas convaincu ces messieurs de l'Institut. Ses recherches vont pourtant ouvrir la voie à la technique de la reproduction.

L'Anglais Henri Fox Talbot (1800-1877), en mélangeant du nitrate d'argent à de l'acide gallique sur une feuille de

HISTOIRE   RÉFLEX

papier, obtient en 1841 le premier négatif: le calotype*. Par contact il permet de tirer un nombre indéfini d'images positives.

Les améliorations et les différents procédés

Une fois les bases de la photographie inventées, il restait à la perfectionner sur le plan de la qualité (meilleure définition), ou de la réduction du temps de pose (optiques plus lumineuses, émulsions plus rapides), et surtout à la mettre à la portée du plus grand nombre. Blanquart-Evrard (1802-1872) améliore le procédé calotype et ouvre la première imprimerie d'albums de photographie. Scott Archer (1813-1857), avec l'émulsion au collodion humide, remplace le support papier par le négatif sur verre. Ben Maddox (1816-1902), en inventant l'émulsion* au gelatino-bromure, réussit en 1871 à donner à la photographie sa forme moderne: des plaques prêtes à l'emploi, à la définition parfaite et suffisamment sensibles pour éliminer les problèmes de poses. Ne restait plus qu'à inventer le film Celluloïd, ce qui fut fait par Carbutt (1832-1904) en 1884.

Les appareils photo au XIXᵉ siècle

Parallèlement à ces améliorations chimiques, l'appareil photo ne cesse pas d'évoluer. Jusqu'à l'invention des agrandisseurs, le format du positif tiré par contact dépendait du format des appareils. Ce sont le plus souvent de lourdes chambres en bois qui nécessitent le changement de la plaque à chaque prise de vue. Petit à petit le matériel va s'alléger. L'apparition des appareils espions miniaturisés dans des pommeaux de cannes, des montres ou des épingles de cravate permet, suprême fantasme, de prendre sans être vu. En 1890, l'Américain George Eastman (1854-1932) sort enfin un appareil léger, facile d'emploi: le premier Kodak, qu'il commercialise avec sa célèbre formule: «Appuyez sur le bouton, nous faisons le reste».

Point de vue pris d'une fenêtre du Gras à Saint-Loup-de-Varennes (1826), Nicéphore Niepce.

Le 3 juillet 1839, François Arago, secrétaire de l'Académie des sciences, présente à la Chambre des députés la première invention de la photographie: le daguerréotype. Mais il faudra le concours de nombreux pionniers pour la mener à l'âge adulte.

Le portrait

Le portrait est de tous les genres photographiques probablement le plus « saisissant ». Il s'attache à capter ce qu'il y a de plus mystérieux : l'expression d'un visage.

La pose : peinture et photographie

Face au peintre, le modèle doit se soumettre à la fameuse séance de pose, le temps nécessaire à l'artiste pour trouver la ressemblance (Matisse parlait à ce sujet de «fermentation cérébrale inconsciente»). Pour les premiers photographes, la lenteur du temps de pose obligeait le sujet à l'immobilité forcée sous peine de flou. D'où l'aspect figé de certains daguerréotypes* et les critiques dont la photographie fut l'objet.

Mais très vite le portrait photographique s'est imposé : la ressemblance étant d'emblée techniquement acquise, elle permet d'enregistrer cette fraction de seconde où le sujet se révèle «tel qu'en lui-même».

Caricature d'une séance de pose.

Portrait en studio/Portrait en situation

Le portrait en studio établit un huis clos. Face à l'objectif* et aux sources de lumière, le modèle se sait photographié. L'art du photographe consiste à dépasser l'artifice de la situation pour éclairer le visage, le modeler, multiplier les prises, avant de choisir l'image la plus juste sur la planche contact.

Le portrait en situation cherche au contraire à prendre sur le vif, éviter la pose qui fige, capter un moment du sujet en action. Ces portraits à main levée gagnent souvent en «naturel» ce qu'ils perdent en qualité photographique.

Le modèle comme sujet, objet ou prétexte à image

Le portrait psychologique s'attache à révéler, sous l'enveloppe charnelle, les traits de la personnalité. Nadar (1820-1910) en posa au XIXᵉ les grands principes : « *Il s'agit d'observer le caractère du modèle et de le rendre dans son expression vraie, dans sa donnée la plus habituelle en même temps que la plus favorable.* »

Roland Barthes (1980), Jean-François Bauret.

Le portrait d'identité, aujourd'hui souvent assuré sans le concours du photographe par le Photomaton, a son origine dans le portrait anthropométrique inventé par Alphonse Bertillon (1853-1914) à la fin du siècle dernier. Le but : s'approcher de la description la plus exacte en éliminant toute interprétation et effets d'art.

Le portrait sociologique, souvent réalisé en situation de reportage, répond à un besoin d'universalité et cherche, à travers un individu, à représenter les caractéristiques communes à un groupe.

Le portrait : vérité ou fiction

On a vite fait, quand on parle de photographie, de confondre deux notions pourtant différentes, réalité et vérité. Les expressions populaires reflètent ce genre de confusion. On dit : « *Sur cette photo, c'est tout lui* ». On parle de photogénie et de cette qualité qu'auraient certaines personnes d'être « mieux en photographie qu'en réalité ». Cette confusion est souvent entretenue par le discours de bien des photographes, dont l'art consisterait à aller chercher derrière les apparences une vérité cachée, enfouie ou refoulée. D'autres photographes plus modestes préfèrent parler du portrait comme d'une rencontre, d'un échange. Roland Barthes y voit même un rapport de forces, qui ne peut aboutir qu'à une image-fiction : « *La Photo-portrait est un champ clos de forces. Quatre imaginaires s'y croisent, s'y affrontent, s'y déforment. Devant l'objectif je suis à la fois : celui que je me crois, celui que je voudrais qu'on me croie, celui que le photographe me croit, et celui dont il se sert pour exhiber son art.* »

> L'art du portrait : une tentative désespérée, sans cesse renouvelée, de révéler une part d'invisible.

Petite histoire du portrait

**Personnages illustres ou illustres inconnus
ont servi de modèle à toutes les approches
possibles du visage humain.**

Naissance d'une industrie

Une vague de «daguerréomanie» déferle sur la France dès
l'invention du daguerréotype*. Des ateliers de portraitistes
naissent un peu partout, mais les problèmes techniques et
les préoccupations purement mercantiles des premiers
photographes font à ce genre des débuts difficiles.
Disdéri (1819-1889) invente la carte de visite: en multi-
pliant les poses sur une seule plaque, il abaisse les prix et
élargit la clientèle. Il s'agit le plus souvent de portraits en
pied avec fonds peints où l'accent est mis sur l'apparte-
nance sociale de l'individu.

Victor Hugo **(1884),
Nadar.**

Naissance d'un art

Face au portrait industriel et commercial,
certains photographes revendiquent une
approche plus psychologique et artistique.
En France, Nadar ouvre la voie. En s'appuyant
sur un sens de l'observation très sûr, et dans un
souci de grande économie visuelle, il traque
«l'expression vraie» des personnalités les plus
en vue de son époque. En Angleterre, dans un
style plus théâtral, Julia Margaret Cameron
(1815-1879) fixe ses illustres contemporains,
tandis que Lewis Carroll (1832-1898), en
amateur éclairé, nous laisse ses étranges portraits de petites filles.
Le mouvement pictorialiste, entre 1880 et 1914, prônera
le flou pour permettre au regard de ne pas s'arrêter à la surface de l'autre. Aux États-Unis, Edward Steichen (1879-
1973) s'est rendu maître de cette approche.

Un autre regard sur l'autre

Dans les années 20, Alfred Stieglitz (1864-1946), en consa-
crant une série d'images au peintre Georgia O'Keefe en dif-

férentes circonstances, va relativiser la fameuse recherche de «l'expression vraie». Paul Strand (1890-1976) met en évidence la situation d'objet de la personne photographiée, dans les portraits d'une femme aveugle et d'une série de marginaux, dénués de tout sentimentalisme. Les années 30 sont marquées en France par le mouvement surréaliste. Man Ray (1890-1976) s'attache à faire ressortir la part d'étrangeté présente en chaque individu.

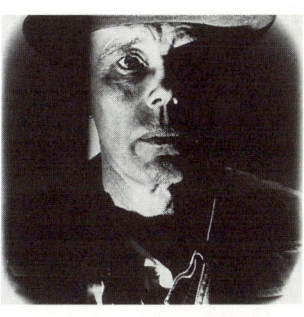

Joseph Beuys **(1981), Keiichi Tahara.**

Le portrait humaniste

Les années 50 en France sont celles du réalisme poétique. Les photographes comme Robert Doisneau (1912-1994), Édouard Boubat (né en 1923), Henri Cartier-Bresson (né en 1908) s'attachent à restituer l'atmosphère. Ils réalisent des portraits en situation où les éléments de décors, lieux de vie, reflètent les personnalités.

Gisèle Freund (née en 1912), qui dès 1935 avait utilisé la couleur, cherche à établir une véritable connivence avec ses grands modèles. En Angleterre, Bill Brandt (1904-1983) réalise de nombreux portraits de personnalités en les intégrant au paysage.

Radicalisations contemporaines

Alors que le réalisme poétique mettait en avant la qualité de la rencontre, les Américains vont revenir au studio pour jouer à huis clos les ambiguïtés du couple photographe/photographié. Irving Penn (né en 1917) photographie dans un studio mobile les gens rencontrés dans ses voyages. Richard Avedon (né en 1923) cherche presque le rapport de force pour capter ce moment où le modèle ne contrôle plus son image. Helmut Newton (né en 1920) travaille le portrait mis en scène.

Certains photographes remettent en cause la notion de distance au sujet: par des portraits à bout portant Keiichi Tahara, Roland Fisher ou Thomas Ruff cherchent à renverser le point de vue: ce n'est plus nous qui regardons les modèles, ce sont eux qui nous dévisagent.

> Si révéler une part d'invisible constitue la quête du portraitiste, les moyens pour y parvenir varient selon les époques et les styles.

Le paysage

Contrairement au peintre paysagiste qui part d'une toile blanche et par touches de couleur remplit son cadre, le photographe agit de manière soustractive, en opérant un certain nombre de choix.

Anonyme, (fin XIXe).

Le choix du point de vue

Le photographe paysagiste est un promeneur, à la recherche du point de vue idéal à son approche photographique. Le voyageur connaît bien ces points, balisés sur certaines routes par des panneaux figurant un appareil photo, suivis quelques mètres plus loin d'un parking où il peut tout à loisir photographier du «meilleur point de vue» le beau panorama.

C'est la halte photo obligée des bus touristiques qui déchargent leurs «voyageurs organisés» le temps d'une image, la même pour tous à l'exception du premier plan, en l'espèce le compagnon de voyage, dont la présence permet l'appropriation du paysage. Le bon photographe sera bien sûr celui qui découvrira, hors des chemins battus ou dans ses marges, d'autres points de vue.

Le choix d'un cadrage

Il s'agit ensuite d'enfermer dans le cadre du viseur une portion de territoire. C'est le moment où le photographe place sa fenêtre et choisit sa profondeur de champ*.

Les appareils disponibles aujourd'hui offrent deux types de cadres: le rectangle, le plus fréquemment utilisé (petit format* 24 x 36, chambre grand format, panoramique) et le carré (moyen format 6 x 6). Le choix de la focale permet de déterminer sa distance: il existe des objectifs permettant d'ouvrir le champ (courtes focales à grande profondeur de champ), de le refermer en s'approchant (longues focales à faible profondeur de champ), ou d'aller et venir sans se déplacer (focales variables ou «zooms»).

Ces outils en main, le photographe va «composer» avec la réalité. Il y a des règles de composition comme il y a des règles de grammaire, mais comme dans le champ de la poésie, elles peuvent être détournées, contournées pour définir un style.

Le choix d'un rendu

C'est ce que la réalité va rendre au photographe et à son image. «Est-ce que ça va rendre en photographie?» Pour cela un certain nombre de conditions sont nécessaires.

Avant tout, le choix d'une bonne lumière. Contrairement au reporter qui doit saisir «l'instant décisif» où se joue une situation, le paysagiste a tout son temps, ou du moins doit-il le prendre, pour que la lumière caresse au mieux cette portion de territoire qu'il veut capter. On parle toujours de la photographie comme d'une écriture de lumière, en oubliant l'importance de son contraire, son négatif, l'ombre. D'où l'importance d'une lumière suffisamment rasante qui donne au paysage son relief.

Il faut aussi savoir maîtriser cette lumière dans des conditions de prise données, en fonction du type d'émulsion* choisie. C'est le rôle des filtres qui permettent une meilleure traduction de la réalité en image.

Au-delà de ces choix il n'y a comme règles que la sensibilité du photographe ou le type de commande à laquelle il doit répondre: du paysage champêtre au paysage urbain, du point de vue le plus descriptif à l'évocation la plus poétique, du paysage panoramique au paysage rapproché (paysage dans un brin d'herbe), autant d'approches pour ce «promeneur solitaire» qui s'adonne à l'art de la contemplation.

Comme le jardinier paysagiste qui met de l'ordre dans le désordre naturel, le photographe par ses coupes et ses déplacements construit une autre réalité.

Petite histoire du paysage

Après avoir dressé un inventaire illustré de la réalité et s'être détaché des conventions picturales, les photographes vont rechercher des formes d'expression susceptibles de proposer de nouvelles visions du monde.

Les premiers livres de voyage
Au daguerréotype*, qui séduit les portraitistes, les paysagistes vont préférer le calotype* et ses possibilités de reproduction. La Mission Héliographique réalise en 1851 un inventaire des sites et des monuments sur le territoire français. Blanquart-Evrard (1802-1872) fonde à Lille la première maison d'édition consacrée aux grands voyages et sort les premiers albums d'images sur l'Égypte, le Moyen-Orient, l'Italie.

Ci-contre :
Paris (vers 1924), Eugène Atget.

Approche artistique / Approche documentaire

À la fin du XIXᵉ siècle, l'École pictorialiste réagit contre une utilisation purement illustrative de la photographie. Par le recours systématique au flou et à des procédés de tirage* sur des supports jusque-là réservés au dessin (procédé au charbon ou à la gomme bichromatée), ils donnent au paysage sa dimension poétique.

Robert Demachy (1859-1936) et Charles Puyo (1857-1933) en France, Léonard Misonne (1870-1943) en Belgique, Edward Steichen (1879-1973) aux États-Unis, réalisent des photographies dont le naturalisme impressionniste a bien du mal à se détacher de l'influence de la peinture. À l'opposé, le travail d'Eugène Atget sur le Paris du début du siècle constitue encore aujourd'hui un exemple d'approche objective du paysage urbain.

À la recherche d'une autre objectivité

C'est aux États-Unis, dans les années 20, autour de la revue *Camera Work* animée par Alfred Stieglitz, que la photographie va sortir de son rapport de dépendance aux conventions picturales. Avec Paul Strand, Stieglitz prône une attention au réel (gros plans, fragments) et à la forme (lignes, jeux d'ombres) pour réaliser des images directes, dépouillées de tout artifice (« *photographie pure* »).

En Europe, le mouvement constructiviste et le Bauhaus recherchent les bases d'une nouvelle objectivité: Laszlo Moholy-Nagy (1895-1947) en tête exploite la légèreté du médium photographique pour réaliser des images où les plongées, contre-plongées*, basculements de champs, bouleversent les habitudes visuelles.

Mexique (1981), **Bernard Plossu.**

Les grands paysagistes américains

Les années 30 à 50 sont marquées par l'influence américaine. Très attachés aux paysages grandioses de l'Ouest, Ansel Adams (1902-1984) et Edward Weston (1886-1958) fondent le groupe F 64 et préconisent l'utilisation de la chambre grand format*, des objectifs à faible ouverture et le tirage* des images par contact. Adams invente le *zone system*, technique permettant de maîtriser la gamme de gris dans la photographie noir et blanc. Weston, en mêlant diverses thématiques, met en évidence les correspondances formelles de l'univers. Minor White va plus loin dans cette voie en défendant une conception quasi mystique de la nature et de la photographie. À partir des années 60-70 la couleur fait une entrée remarquée dans le paysage américain avec un retour à un plus grand dépouillement de l'image (Callahan, Meyerowitz, Shore).

Le paysage contemporain

Aujourd'hui coexistent trois approches du paysage. La première, documentaire et critique, s'est développée en France autour de la *Mission Datar* et a permis un véritable point sur la photographie contemporaine (Gabriele Basilico, Pierre de Fenoyl, Holger Trulzsch,…).
La deuxième, autour du *land art*, préconise l'intervention sur le paysage ou son appropriation par la marche (Hamish Fulton, Richard Long), sa reconstruction (Hockney, Baltz).
La troisième, plus poétique, regroupe des coloristes (Franco Fontana, John Batho), des intimistes (Bernard Plossu), mais aussi de nombreux photographes qui reviennent aux techniques d'origine de la photographie: sténopé* (Ilan Wolff), format panoramique (Josef Koudelka).

Entre description et contemplation, l'art du paysage donne à voir, à découvrir ou à rêver.

Le reportage

«La photographie c'est le reportage, tout le reste est peinture» dit Boltanski. De tous les grands genres, c'est le seul qui n'existait pas avant l'invention de l'image fixe.

Preuve, témoignage, trace

En nous donnant la possibilité de saisir l'instant présent, de le fixer, de le conserver, la photographie a changé radicalement le rapport que nous entretenons avec notre histoire. Le principe de la photographie, nous dit Roland Barthes, son *essence*, est le «ça a été». Même si l'image est toujours manipulable, elle porte en elle une valeur de preuve. Elle porte le citoyen à se sentir plus concerné par ce qui se passe dans le monde, puisqu'il le voit. Sa force de témoignage lui confère un rôle de régulateur moral. Par la trace qu'elle laisse, elle empêche l'oubli et participe à l'indispensable «devoir de mémoire».

Objectivité/Subjectivité

Si par son dispositif technique la photographie nous apporte la preuve physico-chimique qu'un événement a réellement eu lieu (laissons pour l'instant le problème de la photo truquée), le point de vue, le cadrage, le moment choisi pour déclencher appartiennent à la subjectivité du photographe.

La photographie est par définition une coupe dans l'espace et le temps. L'événement rapporté est donc fatalement tronqué puisque l'image fixe ne nous dit rien sur son contexte et son hors-champ. C'est ce qui nous rend souvent mal à l'aise face à ces images de "*scoops*" qui font les unes de nos journaux: difficile en une image de résumer une situation. Un reportage en profondeur où le photographe multiplie les prises, tourne autour de l'action, travaille par corpus d'images, sera toujours plus porteur de vérité qu'une image isolée.

La légende: le texte et l'image

On a coutume de dire qu'une image vaut mille mots. C'est vrai par la force émotionnelle qu'elle contient, mais

Fuite d'une petite fille atteinte par une bombe au napalm. Vietnam (1972), **Nick Ut.**
Cette photographie bouleversante a participé à la prise de conscience de l'horreur de cette guerre et de la nécessité d'y mettre fin.

une image seule ne dit rien, ou plutôt on peut lui faire dire n'importe quoi : c'est ce que les sémiologues nomment la polysémie de la photographie. D'où la nécessité du texte qui vient légender l'image, la mettre en perspective.

On préfère souvent au terme de «reporter» celui de «photojournaliste». La grande majorité des images de reportages sont destinées aux journaux, qui constituent leur support de diffusion privilégié. Elles sont donc fatalement utilisées en situation d'illustration par rapport aux articles des journalistes. Le travail de légendage, de mise en page, le choix de telle ou telle image en regard d'un texte induit une certaine lecture de l'événement traité.

Le rôle des agences

À l'exception de quelques photographes indépendants (*free lance*) ou employés d'un journal, la plupart sont rattachés à une agence. Ces dernières ont pris le relais des grands magazines comme *Life* aux États-Unis, *Vu* en France, qui dans les années 30 à 50 ont lancé le photojournalisme moderne, donnant à la photographie tout son poids face au texte.

Le rôle des agences est d'organiser et de répartir le travail entre les photographes, de vendre et diffuser leurs reportages mais aussi de protéger leur image (droits d'auteur, droits intellectuels). Qu'elles soient généralistes ou spécialisées, on y trouve toutes les pratiques du reportage moderne : du «photographe concerné», qui travaille en profondeur sur le long terme, à l'envoyé spécial, ponctuel sur l'événement, en passant par le *paparazzi*, ce voleur d'image, chargé d'alimenter le pauvre imaginaire des lecteurs de la presse à sensations.

La photographie, par son pouvoir sur notre imaginaire, transforme notre rapport au monde et à l'Histoire.

Petite histoire du reportage

Au-delà du mythe du reporter baroudeur, l'histoire du reportage nous révèle des comportements et des partis pris esthétiques différents.

Le temps des pionniers

La lenteur des émulsions* qu'il faut préparer sur place, la lourdeur du matériel vont compliquer le travail des premiers photo-reporters. Roger Fenton (1819-1869), malgré ces handicaps, couvre en 1854 la guerre de Crimée, imité un peu plus tard en Amérique par Mathew Brady (1823-1896) qui réalise des images de la guerre de Sécession. Mais il faut attendre 1880 et l'invention de la photogravure* pour permettre l'impression des photographies dans les journaux.

Le reportage social

Deux journalistes américains, Jacob Riiss (1849-1914) et Lewis Hine (1874-1940), comprennent très vite que la photographie peut représenter une arme contre les injustices. Leurs reportages au début du siècle sur les taudis new-yorkais et le scandale du travail des enfants touchent l'opinion et obligent les autorités à prendre des mesures. Dans les années 60, l'Américain Eugene Smith (1918-1978), par ses reportages en profondeur sur des problèmes de société perpétue cette grande tradition des «photographes concernés».

Les pères du reportage moderne

C'est avec l'invention du *Leica* que naît le photojournalisme moderne. Robert Capa (1913-1954) impose au journal *Life* ce petit format 24 x 36, dont la légèreté va lui permettre toutes les audaces. Il couvre la guerre d'Espagne, le débarquement en Normandie, la libération de Paris. Sa mort au champ d'honneur a fait de lui un véritable mythe. Henri Cartier-Bresson apporte au reportage une dimension presque philosophique. Sa théorie de «l'instant décisif», fondée sur le choix de cette fraction de seconde où une situation prend sens dans un cadre donné, confère à son œuvre un caractère particulier. En 1947, avec Seymour (1911-1956), Capa et Rodger (né en 1908), il fonde l'agence Magnum qui fait du photojournaliste un auteur à part entière et réglemente l'utilisation de ses images.

Le reportage au quotidien

D'autres photographes agissent davantage comme des témoins du quotidien. L'œuvre de Jacques-Henri Lartigue (1894-1986) est à ce titre exemplaire : elle constitue un véritable album souvenir de la France de 1900 à 1970. Les photographies de Brassaï (1889-1984) nous révèlent le Paris des années folles, tandis que Weegee (1899-1968), aux États-Unis, s'attache à nous livrer les secrets des gens de la nuit.

Sahel, l'homme en détresse (1986), Sebastiao Salgado.

Les années 50 sont marquées par le réalisme poétique et le besoin de regarder le monde avec optimisme. Robert Doisneau (1912-1994), Izis (1911-1980), Willy Ronis (né en 1910) nous livrent de Paris des scènes de rue pleines de tendresses.

Édouard Boubat et Jean Dieuzaide ramènent de leurs voyages de belles images pleines de confiance dans les valeurs universelles de l'humanité.

Les contemporains

Les années 60 et 70 marquent une rupture de fond et de forme. Robert Frank (Né en 1924) dresse de l'Amérique un portrait sans concession dans un livre qui va faire date : *Les Américains*. William Klein (né en 1928) choisit aussi ce support pour nous proposer sa vision de la vie dans les grandes capitales du monde. Diane Arbus (1923-1971), en fouillant dans les marges de l'"*American way of life*", nous en dévoile les failles et les laissés-pour-compte.

Aujourd'hui le photojournalisme traverse une crise grave : la concurrence de la télévision banalise les reportages les plus forts. Seules des approches «photo-sociologiques» comme celles de Sebastiao Salgado (né en 1944), Raymond Depardon (né en 1942) ou Josef Koudelka (né en 1938), semblent porteuses d'avenir.

Les grands reporters ne sont jamais des témoins passifs ou objectifs : ils s'engagent dans leurs images et nous proposent une certaine lecture des événements.

Le nu

Le nu comme genre artistique ne date pas de l'invention de la photographie. Elle en a pourtant profondément modifié l'approche.

Isabelle (vers 1980), Jean-François Bauret.

Érotisme, charme, pornographie

Autant de mots qui tentent de dresser des catégories, de canaliser les images du corps et répondent au besoin de réguler ce qui touche à la sexualité. Deux professions touchent à la nudité: le médecin et l'artiste peintre ou photographe. Deux mises à nu très différentes: d'un côté l'attention scientifique qui examine, scrute, ausculte *la physiologie* du corps, attentif à son fonctionnement, et de l'autre une attention flottante, un regard en surface, attaché aux lignes, aux textures, à *la plastique* du corps. Corps organique contre corps plastique: c'est peut-être dans cette distinction que l'on pourrait situer la pornographie, dans cette rupture de jeu, ce moment où la caméra, l'appareil photo touchent au fonctionnement, à la frontière du regard érotique (dont il conserve l'intention) et du regard médical (dont il emprunte l'attention).

Les voiles du nu

« *Cachez ce sein que je ne saurais voir* » faisait dire Molière à son personnage de Tartuffe, auquel comme en écho répond Barthes: « *Ce qui est érotique, c'est l'apparition d'un fragment de peau entre deux pièces de vêtement*». C'est dans cette «hypocrisie» que se joue l'image du nu, dans une certaine manière de rhabiller le trop exposé, la trivialité du corps livré à l'objectif.

En photographie les «paravents» du nu sont nombreux: l'ombre et ses jeux qui viennent sculpter les corps livrés à la lumière en plongeant certaines parties dans l'obscurité, le flou (artistique) qui rend imprécis les contours et déréalise la scène en la maintenant dans les limites du rêve, la fragmentation, qui découpe, tronque, parfois jusqu'aux limites de l'abstraction, mais aussi, bien sûr, les vêtements, jeux de voiles, éléments du décor qui viennent masquer, obturer et maintenir cette espace de frustration visuelle indispensable au genre.

Du *nu* classique au *corps* moderne

Les magazines de photographie, jusque dans les années 80, faisaient en grande partie leur chiffre d'affaires grâce à ce thème, réputé particulièrement vendeur.

Nombre des codes d'un genre finalement assez stéréotypé ont fini par vieillir, se banaliser, et la «révolution sexuelle» renvoie se rhabiller les jolies filles sur papier glacé entre deux palmiers.

Aujourd'hui les photographes ne disent plus qu'ils «font du nu» mais qu'ils «travaillent sur le corps». Au-delà de la coquetterie de vocabulaire existe une véritable volonté de renouvellement. En rupture d'esthétique facile, et d'exotisme douteux, ils questionnent et montrent un corps vivant, habité par le désir, l'amour, l'extase, la souffrance, la mort.

Par ailleurs, le nu masculin, tabou dans l'histoire de la photographie (contrairement à celle de la peinture et surtout de la sculpture) est en train de trouver sa place. Il s'agit le plus souvent d'un regard à forte connotation homosexuelle où les angoisses du moment (sida notamment) occupent une large place dans des œuvres souvent mises en scène et volontairement provocatrices.

Notons enfin que l'autoportrait de nu manifeste le désir de certains photographes de se libérer d'un machisme propre à cette thématique, où le regard objectif-phallus est trop souvent tourné vers «l'éternel féminin»…

> En tant qu'empreinte lumineuse, le nu photographique doit trouver dans ses dispositifs propres la mise à distance nécessaire à toute représentation artistique du corps.

Petite histoire du nu

Le nu est un « objet spécial » que les artistes abordent en tenant compte des attitudes morales, religieuses et esthétiques de leur époque.

Images du XIXe

Il convient de distinguer deux approches du corps: la représentation de la nudité (en anglais "*naked*") et le nu comme genre ("*nude*"). Les possibilités d'observation objective qu'apporte la photographie vont amener Etienne-Jules Marey (1830-1904) et Eadweard Muybridge (1830-1904) à mettre au point un dispositif photographique, la *chronophotographie*, permettant l'enregistrement du corps en mouvement. La mise à nu répond ici à un besoin d'analyse scientifique. Même froideur dans ces «académies pour artistes» réalisées pour servir de modèles à la peinture.

À l'opposé de ce regard objectif, le nu artistique mettra un certain temps avant de se libérer des conventions picturales. Les scènes de genre de Gustave Rejlander (1813-1875) tiennent à distance la trivialité du corps révélée par la photographie. Les nus pictorialistes de Demachy (1859-1936), Le Begue (1888-1910), Coburn (1882-1966) se cachent derrière l'écran des flous de prise de vue et de matière.

Nu (1976),
Jeanloup Sieff.

Le nu : objet graphique

Les années 20, dans leur souci de trouver de nouveaux points de vue, vont utiliser la légèreté du médium photographique pour tourner autour du corps. Plongées, contreplongées*, décadrages, basculements de champs métamorphosent les formes. La ligne et la géométrie prennent le pas sur la sensualité (Moholy-Nagy), les ombres redessinent les contours (Frantisek Drtikol, 1893-1961, Germaine Krull, 1897-1985). La vision devient plus proche, plus fragmentée et flirte avec l'abstraction (Ruth Bernhard, né en 1805, Imogen Cunningham, 1883-1976).

Le nu : figures du rêve

Le mouvement surréaliste, étant donné l'intérêt qu'il porte à l'inconscient et à la sexualité, accorde une place importante au nu : le travail de la lumière, les manipulations de laboratoire (photomontages, solarisations), permettent à Man Ray, à Maurice Tabard (1897-1984), Erwin Blumenfeld (1897-1969), de dépasser la réalité, libérer l'image du contrôle de la raison et des valeurs établies. Le nu célèbre le monde du rêve et de l'inconscient.

Le nu dans son environnement

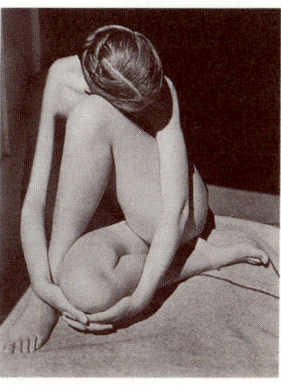

Nu (1936),
Edward Weston.

Les années 50 à 70 semblent vouloir mettre le nu en perspective et tenter d'établir un dialogue entre le corps et son environnement. Lucien Clergue (né en 1934) excelle à fondre les corps dans les vagues et les sables pour en modifier les formes. Jeanloup Sieff (né en 1933) photographie au grand angulaire pour intégrer le corps aux éléments d'architecture. Helmut Newton (né en 1920) et Irina Ionesco (née en 1935) l'intègrent à des décors baroques pour des mises en scènes érotiques et sophistiquées. Robert Mapplethorpe (1946-1989), grand maître du nu masculin, l'associe volontiers à l'univers homosexuel et à ses rites.

La mise en scène

Nombreux sont aujourd'hui les photographes qui tentent d'échapper aux simples recherches plastiques pour «faire parler les corps». Paradoxalement, cette recherche d'une plus grande profondeur s'accompagne souvent d'un recours à l'artifice et à la mise en scène, comme s'ils cherchaient derrière le simulacre la révélation d'une vérité plus radicale. Le travail de Jan Saudek (né en 1935), dont l'œuvre se joue dans le huis clos de sa cave, est tout à fait représentatif de cette démarche.

L'autoportrait devient aussi pour le photographe un moyen de transgresser l'acte photographique et certaines règles qui régissent les rapports du photographe et de son modèle (John Coplans, Arno Rafaël Minkkinen).

Feuilleter l'histoire du nu photographique des origines à nos jours, c'est assister à une libération progressive du regard.

Le photomontage

Face aux preneurs d'images, certains photographes préfèrent les fabriquer. Une grande variété de techniques, d'approches et de styles témoignent des possibilités de simulacre d'un médium prétendu objectif.

Pallier les insuffisances de la photo

Les premiers photomontages vont avoir pour objet de remédier aux problèmes techniques posés par les débuts de la photographie. Les premières émulsions* ne permettaient pas de photographier ensemble le ciel et la terre. Gustave Le Gray (1820-1882) utilise deux négatifs pour donner matière et nuages à ses images. Pour réaliser des portraits de groupe l'Anglais David Octavius Hill (1802-1870) pratique un collage d'une cinquantaine de portraits pris individuellement.

Transfigurer la réalité

Le rapport particulier qu'entretient la photographie avec le réel a amené très tôt les photographes à inventer des techniques permettant de jouer avec les effets de réalité: collages, surimpressions*, fragmentations. En Angleterre, Rejlander réalise des «phototableaux» en assemblant un

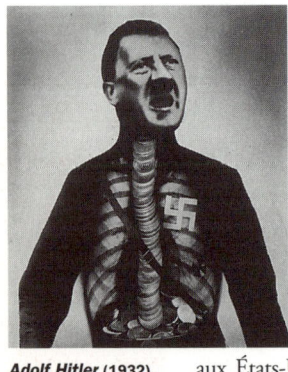

Adolf Hitler (1932),
John Heartfield.

nombre impressionnant de négatifs. Au début du siècle, le mouvement dada (Raoul Hausman, 1886-1971) puis les constructivistes (Moholy-Nagy, Alexander Rodtchenko) utilisent les techniques de collage pour rompre avec la représentation photographique traditionnelle.

Mais ce sont surtout les surréalistes (Man Ray, Maurice Tabard) qui, avec des surimpressions parfaitement maîtrisées, exploitent les effets de surprise, les «rencontres fortuites» et surprenantes chères à André Breton. Dans les années 60, Jerry Uelsmann, aux États-Unis, en fragmentant plusieurs négatifs, tisse d'invisibles liens entre réel et imaginaire.

Information et désinformation

Au moment de la révolution de 1917, le photomontage constitue un message visuel destiné à véhiculer les idées nouvelles et à tenter d'éveiller la classe ouvrière à la signification de la réalité socialiste. Dans les années 30 en Allemagne, puis aux États-Unis pendant la guerre, John Heartfield (1891-1968) utilise le photomontage comme une arme politique pour dénoncer les crimes d'Hitler et les exactions fascistes.

Symétriquement, les dictatures vont mettre en œuvre tous les trucages techniquement permis par la photographie pour falsifier, déformer l'histoire et la rendre conforme à leur folie totalitaire et hégémonique. Effaçages, découpages permettent d'éliminer les opposants et de manipuler l'opinion.

Pratiques mixtes

Depuis la guerre, un certain nombre de courants artistiques associent la photographie à la peinture et à l'écriture. Le pop'art, dans les années 50, réalise des *combine paintings* et, par des jeux d'accumulations et d'emprunts, propose une critique de la société industrielle et médiatique (Robert Rauschenberg, né en 1925, Andy Warhol, 1928-1987). L'art conceptuel, l'art narratif, associent volontiers l'image au texte pour porter au niveau de la conscience un processus psychologique non représentable visuellement.

La séquence, le roman-photo proposent des narrations photographiques à mi-chemin entre le cinéma et la bande dessinée (Duane Michals, né en 1932).

L'image numérique

Les logiciels de traitement des images permettent aujourd'hui de combiner les photographies entre elles. Alors que le photomontage en laboratoire était décelable à l'œil, l'ordinateur permet d'effacer la frontière entre le réel et le virtuel. Essentiellement utilisées dans le domaine de la publicité, les images numériques* commencent à intéresser quelques artistes. En France, Frank Horvat (né en 1928) fait figure de pionnier.

En combinant des fragments de la réalité, les différentes techniques de photomontage permettent de créer des mondes conformes à notre imaginaire.

Les relations photo/peinture

La photographie est-elle un art ? Cette question tenant à la double nature de la photographie (imagée et technique) est au cœur des relations complexes entre peinture et photographie.

Réactions à l'invention de la photographie

Baudelaire (1821-1867), dans son esthétique de la distance par rapport à la nature, ne reconnaissait à la photographie qu'un rôle de «*fidèle servante des arts et des sciences*». Delacroix (1798-1863) l'accueille favorablement, l'utilisant même pour son travail, mais refusant d'y voir «*l'œuvre elle-même*». Ce sont surtout les naturalistes comme Millet (1814-1875), et surtout Degas (1834-1917) et Bonnard (1867-1947), qui la pratiquèrent. Leur peinture en fut profondément marquée.

Le mouvement pictorialiste (1880-1914)

En réaction à l'utilisation purement documentaire de la photographie, Demachy (1859-1936) et Puyo (1857-1933) vont créer en France le mouvement pictorialiste. Par le recours systématique au flou (le fameux «flou artistique») et à des techniques de tirage* permettant l'impression sur des papiers à dessin (procédé au charbon, gomme bichromatée), ils mettent en évidence la part d'interprétation de la réalité en photographie.

Bien que le naturalisme impressionniste de leurs images ait beaucoup de mal à se détacher de l'influence de la peinture, ce mouvement fera des adeptes jusqu'aux États-Unis (Stieglitz, Steichen autour de la revue *Camera Work*).

Les complicités de l'entre-deux-guerres

Elles commencent à New York dans la Galerie 291. Stieglitz y alterne des expositions des premiers peintres cubistes et de photographes qui essaient de sortir du pictorialisme pour aller vers une «photographie pure» (Strand). En Europe, trois grands mouvements vont permettre des rencontres fructueuses : Dada et Raoul Hausmann, avec la pratique du photomontage qui mélange toutes les formes d'expression, le constructivisme et le Bauhaus, qui gomment toute hiérarchie entre les arts (et notamment la distinction entre beaux-arts et arts appliqués).

De son côté, Man Ray, au sein du mouvement surréaliste, impose la photographie et utilise alternativement les deux «médiums». «*Je photographie ce que je ne peux peindre, et peins ce que je ne veux pas photographier*».

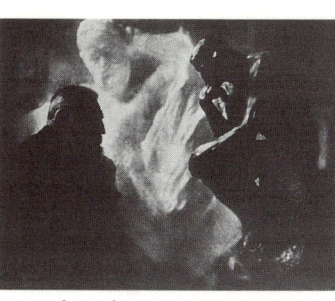

Rodin, le Penseur (1902), Edward Steichen. Ce tirage a été obtenu par le procédé dit «au charbon», ce qui lui confère une matière particulière chère aux pictorialistes.

Le pop'art et l'hyperréalisme (1950-1970)

Ces mouvements essentiellement américains tentent de réconcilier l'art et la vie, tout en intervenant de manière critique vis-à-vis des modes de représentation de la société industrielle et médiatique.

Robert Rauschenberg, né en 1925, ou Andy Warhol (1928-1987) utilisent des procédés photo-mécaniques de reproduction, comme la sérigraphie, et par des jeux d'emprunts et de répétitions «fabriquent» de l'art avec du quotidien.

L'hyperréalisme est comme symétrique du mouvement pictorialiste : des peintres imitent les effets de la photographie ; la technique de l'aérographe leur permet d'obtenir des images lisses, sans accident de matière et donne une apparence froide et mécanique à la représentation.

Art conceptuel et photographie plasticienne

Aujourd'hui, certains plasticiens utilisent la photographie pour interroger la représentation et la position de l'artiste face au réel (Christian Boltanski, Annette Messager), ou comme support d'enregistrement d'un travail *in situ* (Richard Long, Christo, Georges Rousse). D'autre part, des photographes vont faire appel aux codes ou aux outils de la peinture (grands formats, photos peintes, manipulations) pour remettre en cause leur rapport au réel ou pour revisiter l'histoire de l'art (Joël Peter Witkin, Jan Saudek, Cindy Sherman, Gilbert and Georges).

Des relations tumultueuses entre la photo et la peinture, ces deux sœurs de la représentation, tour à tour concurrentes, complémentaires ou complices.

Qu'est-ce que la photographie ? (1)

Il y a deux manières de répondre : l'une consiste à dire que c'est une réaction physico-chimique permettant d'obtenir une image fidèle de la réalité visible. L'autre est à chercher du côté de la philosophie : imaginons ce qu'en penseraient certains philosophes.

Platon et Aristote

Platon (428-348 av. J.-C.), pour qui l'*Idée* est un principe antérieur à toute réalité, aurait été insensible aux photographies ne portant pas la marque d'une intention créatrice. Grâce à la *mousikè* (musique), principe de transcendance de la poésie sur tous les arts qui ont affaire avec la beauté, Platon aurait été un critique très exigeant de la photographie créative, certainement passionné de découvrir et de commenter les grands auteurs et leurs œuvres, mais peu soucieux de s'interroger sur la photographie en elle-même. Aristote (384-322 av. J.-C.), contre son maître Platon, reconnaît la valeur de la connaissance sensible. Tout en appréciant l'idée créatrice d'*une photographie*, il irait en deçà de l'idée pour définir avec précision la Photographie. Il aurait reconnu en elle un principe d'intelligibilité qui ne vient pas de l'extérieur, comme l'Idée de Platon, mais lui est immanent : la *forme*.

Platon et Aristote, la transcendance des valeurs et la réalité du monde ont été réconciliés par la philosophie médiévale.

Les idéalistes

Avec Descartes (1596-1650), les choses se compliquent. Tout se passe comme s'il avait tracé un fossé artificiel entre l'esprit et les choses. La photographie, objet intermédiaire, est située exactement sur le pont, position conflictuelle. Nous trouverons d'un côté du pont, côté esprit, les systèmes *idéalistes* (il importe de ne pas confondre l'idéalisme philosophique avec l'idéalisme moral – la disposition à vivre pour un idéal). Pour Descartes, nos idées sont innées et les sens n'ont pas de valeur de connaissance. Pour Kant (1724-1804), comme pour Descartes, une photographie ne transmettrait aucun sens et n'aurait pas plus de valeur qu'une gamme de gris (cette opinion est largement partagée par la critique actuelle).

Les empiristes

De l'autre côté du pont nous trouvons ceux qui ont réagi contre Descartes et Kant : les *empiristes*, qui placent dans l'expérience seule la source des connaissances, réduisent l'intelligence à la perception et nient la valeur du concept et de la raison dans la vie de l'esprit. Ils seraient des collectionneurs boulimiques de photographies.

Entre les deux, accroupis dans le fossé, les *positivistes* du XIXᵉ siècle (Comte, 1798-1857), pour lesquels le monde ne peut s'expliquer que par des formules scientifiques. Ils ont participé avec euphorie à l'accouchement de la photographie et sont les inventeurs de la *physiognomonie*, l'art de connaître les caractères par l'interprétation des traits.

Derrière la gare Saint-Lazare, **Paris (1932), Henri Cartier-Bresson.**

Les philosophes de l'intuition

En réaction contre le positivisme, Bergson (1859-1941) et (plus tard) Jankélévitch ont rétabli la valeur de l'*intuition*. De nombreux photographes modernes se reconnaîtraient dans leur métaphysique de la *sympathie*.

Les interprètes modernes de la philosophie médiévale, les néo-scolastiques Jacques Maritain (1882-1973) et Étienne Gilson (1884-1978), reconnaîtraient aujourd'hui dans une photographie un principe musical (Platon) et intelligible (Aristote).

Quand je regarde une photographie, sur quoi doit porter mon jugement ? Quelle est la part du sujet, celle de l'objet ? Qu'est-ce qui y tient le plus grand rôle ?

ATIQUE   APPROFONDIR

Qu'est-ce que la photographie ? (2)

Pour mieux comprendre la photographie, il faut tenter de déterminer par quelles causes – et de quelle manière – elle est générée.

Le système causal d'Aristote

Pour expliquer le monde, Aristote prend l'exemple de la sculpture où la *matière* reçoit des mains du sculpteur la *forme*.

Un ouvrier (*cause efficiente*), dans un certain but (*cause finale*), choisit un modèle (*cause exemplaire*), puis il prend de l'or, du bois (*cause matérielle*), et il lui donne une forme (*cause formelle*). En photographie, il ne faudra pas confondre :

– *la cause de l'image*, qui est cet «effet de nature» se produisant naturellement dans la *camera obscura* comme dans l'œil de tout animal sentant et vivant. Ceci nous oblige déjà à distinguer la photographie, image naturelle, de toute autre image faite de main d'homme ou image artificielle ;

– *la cause de la photographie*, qui se divise en deux actes distincts : *l'acte photographique*, qui est l'acte de «prise», acte de volonté libre du photographe, et *l'acte d'art*, qui est la transformation physico-chimique du matériau photosensible.

La cause efficiente

Beaucoup seraient tentés de désigner le photographe comme la seule véritable cause efficiente. Pourtant, si l'existence de l'artiste est la *cause première* de l'existence de l'œuvre d'art, le photographe est dépendant de la réalité sensible.

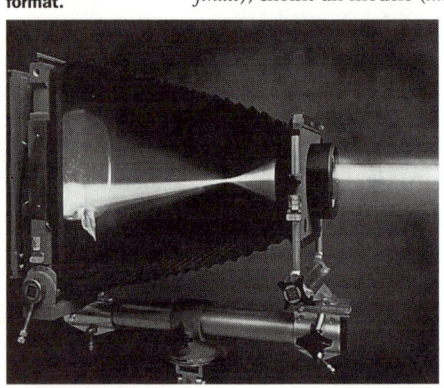

Chambre grand format.

« J'étais saisi à l'égard de la Photographie d'un désir "ontologique" : je voulais à tout prix savoir ce qu'elle était "en soi", par quel trait essentiel elle se distinguait de la communauté des images. »
(Barthes, *La Chambre claire*).

La cause *principale* et immédiate de l'efficience, c'est la lumière, cause de l'image photographique. Le photographe, cause seconde, n'est que la cause de l'arrêt sur image et des choix postérieurs. L'appareil photo, la chimie sont des conditions *sine qua non*.

La cause exemplaire

C'est l'idée de l'effet tel qu'il sera produit. Le modèle (c'est-à-dire la chose photographiée) intervient à double titre : de manière extrinsèque en tant qu'idée (comme en peinture), et de manière intrinsèque en tant que forme initiale. C'est ici que photographie illustrative et photographie créative se séparent. Alors que l'objet de la première consistera à reproduire fidèlement l'exemplaire, l'objet de la deuxième sera plus mystérieux.

La cause finale

Elle est tout entière déterminée par la notion d'intentionnalité. On distinguera :
– la fin de *l'opération* : c'est l'œuvre à laquelle aboutit l'opération (obtenir une image fixée par le moyen de la photographie) ;
– la fin de *l'œuvre* : c'est le résultat que doit réaliser l'œuvre par elle-même (être ressemblante, intelligible) ;
– la fin de *l'ouvrier* : c'est le bien dont le désir excite l'ouvrier à produire son œuvre.

La cause matérielle

C'est la surface sensible (film ou papier) ou plutôt l'*émulsion*.* Il est important d'insister sur le fait que cette matière est sensible. Il y a là un processus analogue à ce qui se passe dans le sens de la vue.

La cause formelle

La matière *reçoit* la forme. C'est la forme lumineuse, intentionnelle et immatérielle reçue par la matière sensible. D'après le réalisme d'Aristote, nous l'avons vu, l'intelligible, au lieu d'être transcendant aux choses, comme le pensait Platon, leur est *immanent*. Il est donc un des éléments constituants de la réalité elle-même.

Si on accepte l'idée que photographier consiste à recueillir quelque chose d'extérieur à soi, on doit définir le mieux possible CE QU'EST ce quelque chose, et COMMENT tout cela procède.

La photographie est-elle un art ?

C'est à partir des années 70 que les photographies ont commencé à pénétrer le marché de l'art et à faire l'objet de spéculations, souvent artificielles. Entre 1975 et 1991, les prix des tirages d'auteurs cotés ont augmenté de 680 % !

« ... C'est l'image photographique pure (c'est-à-dire non manipulée) qui me semble souvent être la véritable, peut-être même la seule image possible aujourd'hui (...). Faites appel à la manipulation, et vous introduisez une volonté "picturale" de type moderniste, une "volonté d'art" trop liée à un type démiurgique ou romantique de conscience artistique pour une sensibilité post-moderniste hantée par la répétition et par l'effacement... » (Régis Durand, Le Regard Pensif).

Des catégories limitées

Pourtant, malgré cette *volonté d'art*, la photographie *résiste à tout système réducteur* (Barthes) et à toute catégorisation ou spéculation, comme la vie même qu'elle capte.

La question de la photographie comme art est double ; elle oblige à définir à la fois l'objet de la photographie et l'objet de l'art. Le mot « art », pris dans toute son ampleur étymologique et sémantique, n'est pas dénué d'ambiguïtés. Originairement lié à la technique (du grec *tékhnè*) et à la production opérationnelle (*poïésis*), artisanale, artificielle, il renvoie, depuis le XVIIIe siècle, à l'esthétique. Ainsi on distinguera un sens ancien, classique, du mot art, qui prévalait jusqu'à la fin du Moyen Âge, et un sens moderne, qui a introduit, à partir de la Renaissance, la notion de Beaux-Arts, ou arts du beau.

La photographie est-elle un art plastique ?

L'objet des arts plastiques est une œuvre à faire naître de la matière. L'objet de la photographie consiste à regarder, voir, sentir.

Que la photographie soit admise parmi les disciplines artistiques, cela ne fait aucun doute. La difficulté consiste à lui reconnaître sa spécificité. Ainsi, par facilité, on est souvent tenté d'en faire une forme d'expression dérivée des arts plastiques. Cette attitude a l'inconvénient de situer son objet (ou son fondement) ailleurs – c'est-à-dire dans la mise en scène (avant la prise de vue) ou dans la manipulation (après la prise de vue), comme le montre le schéma ci-contre.

Henri Cartier-Bresson a très bien saisi la différence entre

photographie et peinture. « *On fait une peinture*, dit-il, *tandis qu'on prend une photographie.* » Et ailleurs : « *On travaille en termes de réalité, non de fiction, nous devons donc découvrir, et non fabriquer.* »

Les mains de
Giacometti (1960),
René Burri.

La matière sensible

En règle générale, l'invention d'une technique nouvelle reposant sur l'usage d'un matériau nouveau, comme fut celle de la peinture à l'huile, est le point de départ d'une ère nouvelle dans l'histoire de l'art.

Certains artistes usent du langage comme matière de leur art : les poètes ; d'autres usent de leur corps : les danseurs et les mimes. D'autres usent comme matière de leur personne, qu'ils soumettent à la forme d'une personnalité empruntée : ce sont les acteurs ; les musiciens utilisent le son, et le peintre la couleur. Avec la photographie est introduite une matière nouvelle : la matière *sensible*.

Man Ray, qui pratiquait invariablement le dessin, la peinture et la photographie, affirmait que « *la photographie n'est pas l'art* ». La question est peut-être plus simple qu'on ne le pense...

Défendre une photographie d'auteur oblige à définir la photographie en tant qu'art.

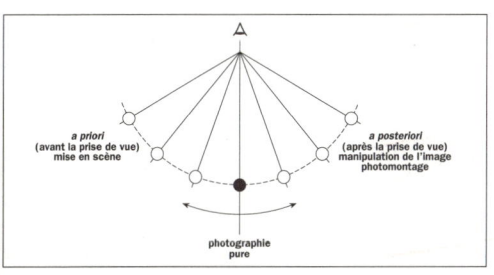

Acte d'art et acte photographique.

La curiosité,
le désir
et la reconnaissance

Ces trois éléments sont, chacun à leur niveau, les fondements de l'art photographique.

La curiosité

« *Tous les hommes ont, par nature, le désir de connaître ; le plaisir causé par les sensations en est la preuve, car, en dehors même de leur utilité, elles nous plaisent par elles-mêmes, et, plus que toutes les autres, les sensations visuelles…* » c'est ainsi que s'ouvre la *Métaphysique* d'Aristote. Il y a, antérieurement à tout acte photographique, et comme préalable, une attitude de curiosité élémentaire et d'ouverture à l'égard des choses qui nous entourent.

Le photographe doit avoir en lui les facultés de réceptivité d'un enfant qui observe le monde pour la première fois. Nous regardons une chose et nous croyons l'avoir vue. Et pourtant, ce que nous voyons n'est souvent que ce que nos préjugés nous préparent à voir, ou bien ce que notre expérience passée nous commande de voir, ou bien ce que nos désirs veulent voir. Nous ne sommes que très rarement capables de libérer notre esprit des pensées et des émotions qui l'encombrent et de voir pour le simple plaisir de voir. Et tant que nous n'y parvenons pas, l'essence des choses nous demeure cachée.

Le désir

La photographie est l'art du désir. À son étage inférieur on trouvera ce qui est propre à satisfaire les appétits et les besoins matériels et corporels (les biens de consommation, la sexualité, l'alimentation) en faisant appel à l'imagination brute ; et à un degré supérieur, ce qui est propre à satisfaire les appétits et les besoins de l'esprit (la soif de connaissance, de beauté, de poésie, de vérité) en faisant appel à l'imagination créatrice. Entre ces deux niveaux peuvent exister des zones intermé-

**En fond :
planche contact*.**

diaires où cohabitent les facultés supérieures et inférieures. «*Je sentais (…) que la Photographie est un art peu sûr, tout comme le serait (si on se mettait en tête de l'établir) une science des corps désirables ou haïssables.*»(Barthes).

La reconnaissance

Il arrive aux photographes de recevoir «comme un cadeau» certaines de leurs plus belles photographies. On peut alors parler d'état de grâce ou d'*épiphanie photographique* (Mora). «*J'ai plus le sentiment d'être choisie par mes sujets que l'inverse*» affirme Jane Atwood. Il est très rare qu'un photographe (même parmi les plus grands) trouve immédiatement l'image dans laquelle il se reconnaîtra. Le plus souvent la démarche se passe en deux temps.

Le premier temps est celui, purement intuitif, de la prise de vue. Chez Boubat, c'est le plus beau moment: «*Le secret, le voilà: il n'y a plus de Boubat, plus de village hindou, dans ce moment très court nous faisons partie d'un tout.*»

Henri Cartier-Bresson a poussé au paroxysme cette mystique de l'instant décisif: «*C'est, dans une fraction de seconde, la reconnaissance d'un fait et l'organisation rigoureuse des formes perçues visuellement qui expriment et signifient ce fait. C'est retenir son souffle, pendant que toutes les facultés convergent face à la réalité fuyante. C'est mettre l'esprit, l'œil et le cœur sur une même ligne de mire.*»

Le deuxième temps est celui du choix sur la planche contact*. Il se réalise dans le silence, c'est un moment de calme, de méditation contemplative, véritable introspection du photographe sur son œuvre, où il découvre ses faiblesses, ses déclics inutiles. C'est aussi un moment d'étonnement.

> La photographie est un art *peu sûr*, fondé sur des qualités naturelles de curiosité et de désir et sur l'aptitude à se reconnaître dans une image.

La révolution photographique

La photographie, objet de connaissance intermédiaire, a semé le trouble entre le sujet et l'objet. Elle est à l'origine de notre civilisation de l'image et a bouleversé nos habitudes culturelles.

« Photographier est un acte en deux directions vers l'avant et vers l'arrière. (...) Une photo est toujours une image double, elle montre son objet et plus ou moins visible, "là derrière" le "contrecoup" l'image de celui qui photographie au moment de la prise de vue. »
(Wim Wenders).

Le « ça a été » de Barthes

Roland Barthes, critique et sémiologue français (1915-1980), a été, l'un des premiers après Gisèle Freund et Walter Benjamin, à interroger la photographie avec la profondeur nécessaire.

Avec la photographie s'est introduit entre l'intelligence et les choses un objet de connaissance qui se place hors de l'œil, mais qui est identique à ce qui se déroule dans l'œil. Matériellement parlant, une photo est réductible à une gamme de gris, mais elle est en fait immédiatement lisible et reconnaissable par l'intelligence. De ce point de vue, l'image photographique est à la racine de la connaissance un peu comme l'embryon est à la racine de la vie humaine. Lorsque nous photographions, nous atteignons l'existence en acte, nous saisissons la vie même. Roland Barthes, dans *La Chambre claire*, a parfaitement défini cette originalité par le « ça a été » (qui commence, chez le photographe, par le « ça est », les choses sont), et qui probablement sera l'ultime justification de la survie de la photographie contre l'image virtuelle. Car c'est un acte d'affirmation, ayant valeur de certitude. En face d'une image virtuelle, je ne puis en effet rien affirmer.

Le « ça a été » est aussi cet *étonnement* de tout photographe lorsqu'il voit apparaître l'image dans le bain révélateur. Il est à l'origine de la fascination que nous éprouvons devant les photos anciennes. Cette atmosphère de magie et d'étonnement mêlé

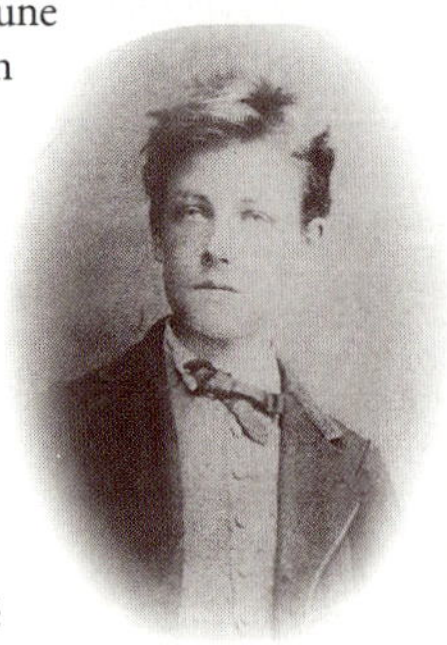

Ci-contre :
Arthur Rimbaud
(1872),
Étienne Carjat.

de joie n'est ressentie que dans le tirage noir et blanc, qui permet au photographe de voir apparaître l'image de sa photographie au fur et à mesure qu'elle se révèle (le développement couleur s'effectue dans l'obscurité totale).

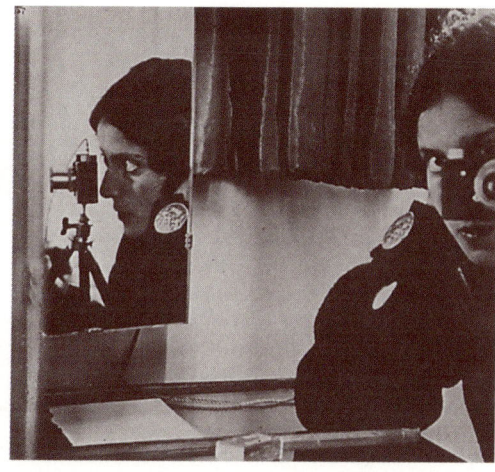

Autoportrait (1931), Ilse Bing.

« *Tous les arts sont fondés sur la présence de l'homme ; dans la seule photographie nous jouissons de son absence.* » André Bazin.

⌐La photographie est un double révélateur

Une des grandes interrogations du photographe est de «gérer» simultanément deux mondes : celui de la réalité qui l'entoure, objective, dans sa banalité, et celui de sa subjectivité créatrice. Cette dualité peut être source d'instabilité dans l'acte même de photographier. En période de doute, le photographe peut s'enfermer dans l'alternative de la photographie comme fenêtre (ouverture au monde), faisant abstraction de la subjectivité, et de la photographie comme miroir (retour sur soi), faisant abstraction du monde.

On comprendra aisément que le problème majeur pour le photographe créateur (c'est-à-dire auteur, et hors de toute contrainte commerciale) ne sera pas tant de savoir *quoi* photographier, ou même *comment* photographier, mais plutôt *pourquoi*, puisque l'acte photographique implique un positionnement par rapport au réel.

Dans l'art, jusqu'à la photographie, on était habitué à ne considérer qu'une *subjectivité créatrice*. Avec la photographie, d'une certaine façon, on doit faire avec une *objectivité* créatrice. Cette genèse automatique a bouleversé la psychologie de l'image.

L'intention photographique

Si l'on accepte l'idée que la photographie nous transmet du sens, on reconnaîtra dans l'acte photographique un double mouvement intentionnel : un mouvement des choses vers soi (il suffit d'ouvrir les yeux pour voir), et un mouvement de soi vers les choses.

L'univers intentionnel du photographe se résume à deux types de comportements : dominer ou servir une forme à communiquer.

Sarah Bernhardt en Doña Sol (Hernani de Victor Hugo), en 1877, Paul Nadar.

La photographie est le royaume de l'intentionnalité

« La photographie est une intention qui se porte à notre attention » (Paul Claudel). Dans cette double relation réside l'originalité de la photographie, ensemble de signes complexes parmi lesquels il faut savoir distinguer :
– la marque, ou l'intention (ce qu'a voulu dire) de celui (si c'est le cas) qui a commandé cette photographie ;
– l'intention du photographe qui se situe à plusieurs niveaux : le choix du sujet, le choix du procédé technique, du support (N&B ou couleur), du cadrage* à la prise de vue ou recadrage au tirage*, etc., et tout simplement le choix de montrer ou de ne pas montrer sa photographie ;
– l'intention du tireur, s'il est différent du photographe (sa façon de tirer influe en effet sur la lecture de l'image) ;
– si c'est une personne humaine, l'intention exprimée (avec plus ou moins de talent, d'authenticité, de sens théâtral) du modèle au moment de la prise de vue, et sa relation au photographe, ce champ de forces qui caractérise, selon Barthes, la photographie de portrait, et où quatre imaginaires se croisent, s'affrontent, se déforment ;
– et tout simplement l'être de cette chose à photographier à quoi le point de vue n'ajoute rien, et qui a une certaine consistance, quelle que soit sa nature.
Mais il existe une dernière ligne de lecture, que les grands photographes ont su exploiter, sou-

Sarah Bernhardt (vers 1865), Félix Nadar.

vent de manière intuitive, et qui est une signification surréelle, c'est-à-dire qui s'élève au-dessus de la réalité, quelque chose de musical, ineffable et inexplicable: il s'agit du signe poétique, que Barthes appelle sens «obtus».

Cette intentionnalité est proprement créatrice, comme une signification au-delà du réel mais qui s'inscrit par et dans le réel, dans le sensible, le visible.

Le photographe et son modèle

En règle générale, la force de la photographie réside dans sa capacité à restituer ce qui, dans notre relation au monde, est intentionnel – c'est-à-dire à rendre visible ce qui ne l'est pas. Le domaine de l'intentionnel en photographie est particulièrement sensible dans la relation du photographe et du modèle. Helmut Newton, habitué à photographier des modèles professionnels, reconnaît avoir eu beaucoup de difficulté à faire un portrait d'Ava Gardner commandé par un magazine. «*Quand on aime bien la personne qu'on photographie et qu'on veut en faire une bonne photo, dit-il, il faut marcher sur la pointe des pieds.*»

Pour Mario Giacomelli (né en 1925), toute photographie faite dans une intention créatrice implique une relation intime, de personne à personne, qui se retrouve même dans le paysage: «*Ce qu'on ne comprend pas, c'est que ce n'est pas moi qui choisis les images, ce sont les images qui me choisissent. Comme si le paysage me disait: "Ce n'est pas toi qui me fais, imbécile! Ne vois-tu pas comme je suis beau?"*»

Lorsque nous regardons une photographie, un faisceau de signes s'entrecroisent, pas toujours faciles à discerner. La publicité sait bien utiliser ce système de codes, particulièrement efficace en photographie où tout est intentionnel.

L'image de l'homme : une obsession depuis les cavernes

Toutes les croyances ont besoin d'images pour s'exprimer. L'utilisation de l'image photographiée de l'homme a pris au XXe siècle une tournure mystique.

Photographie judiciaire (vers 1893), Alphonse Bertillon.

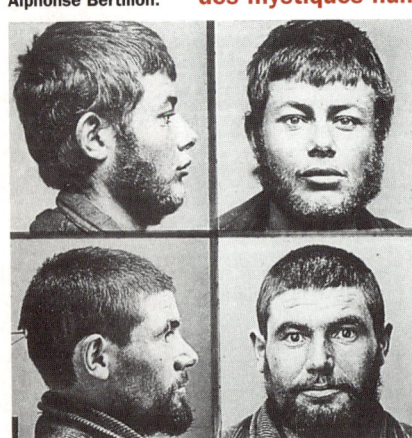

La « triviale image »

Dès 1850, avec l'apparition de la carte de visite, la bourgeoisie s'empare de la photographie. Baudelaire réagit très vivement contre cette vanité qui devint vite une industrie : « *… Dans ces jours déplorables, une industrie nouvelle se produisit, qui ne contribua pas peu à confirmer la sottise dans sa foi et à ruiner ce qui pouvait rester de divin dans l'esprit français. Cette foule idolâtre postulait un idéal digne d'elle et approprié à sa nature […] un Dieu vengeur a exaucé les vœux de cette multitude. […] À partir de ce moment, la société immonde se rua, comme un seul Narcisse, pour contempler sa triviale image sur le métal.* » (« Salon de 1859 »)

La photographie, meilleur véhicule des mystiques humaines

La *physiognomonie*, née en plein positivisme, a été une tentative de « *connaître l'intérieur de l'Homme par son extérieur* », selon son inventeur, Lavater (1741-1801). Elle cède à la tentation de dresser un tableau scientifique des normes physiques et morales.

Ses thèses ont été largement utilisées par les nazis. L'utilisation de l'image (photo ou cinéma) avait une double efficacité : elle participait à la machinerie du génocide en permettant d'établir et de classer l'image du sous-homme et du sur-homme, du Juif et de l'Aryen, et elle remplaçait la réalité par le monde des apparences.

Les grandes mystiques humaines qu'ont été le marxisme et le nazisme se sont nourries de photographies.

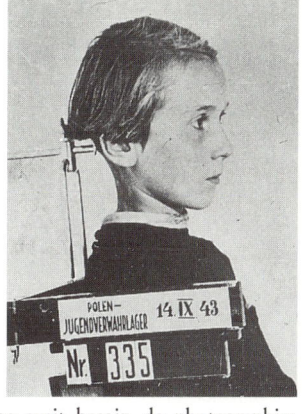

Photographie d'identité d'un enfant juif à Auschwitz.

La jeunesse hitlérienne avait besoin de photographies esthétisantes sur les beaux corps aryens pour nourrir sa croyance en une nouvelle race. À l'opposé, le marxisme-léninisme, plutôt puritain, ne glorifiait pas le corps pour lui-même mais celui de l'homme au travail. Mais lorsqu'on compare les photographies officielles des deux idéologies, on constate certaines similitudes.

Du *nu* au *corps*

Le « *nu* » était un thème pictural que s'étaient approprié les photographes pictorialistes. À partir des années 60, le *nu* comme genre photographique a été remplacé progressivement par le *corps*. La photographie est ainsi passée du domaine plastique à celui, plus trouble, plus extrême, plus absolu, de la mystique.

Les artistes, dans les pays industrialisés, semblent chercher dans une quête obsessionnelle à percer le double mystère de la corporéité et de la personnalité de l'homme, en surmontant, ignorant ou exacerbant le trouble du regard sur l'autre. Cette interrogation, souvent déchirée et torturée, représente aujourd'hui plus de la moitié des œuvres photographiques ou péri-photographiques, toutes tendances confondues, et se retrouvent dans des formes de sublimations opposées (le corps humain peut être vu soit *triomphant* soit *souffrant* ou même *flagellant*).

> Depuis Lascaux, l'image de l'homme et sa signification spirituelle est une obsession constante dans tous les modes de représentation. L'homme étant à lui tout seul un microcosme, il est naturellement le premier objet de préoccupation du photographe.

Photographie créative et vision poétique

La poésie, depuis Baudelaire, n'est plus le privilège des écrivains : elle est la mise en liberté d'un don de perception et de disponibilité à toutes les significations invisibles des choses. En photographie, l'acte poétique est de l'ordre du saisissement.

Les « conjugaisons » de la photographie

La photographie pure, qui relève du domaine de l'art, se conjugue aujourd'hui de différentes façons. On peut photographier les choses sans leur donner de nom : c'est l'esthétique de la gamme de gris, défense matérialiste ou intellectualiste de la «photographie pure». On peut aussi les photographier par leur nom commun : c'est le reportage social, sublimation de la banalité contingente. On peut encore les photographier par leur nom propre – on pense à l'école américaine : Weston et la *"straight photography"*.

On peut enfin les photographier par leur prénom. C'est le propre du réalisme poétique, musical ou spirituel, qui ne défend plus l'art pour l'art, ou l'art pour le beau, mais l'art pour sa surprise. Ce lieu de création, même si Paris en est la capitale mondiale, n'est pas réservé à Doisneau mais à tout photographe qui réussit à arracher la photographie de sa lourdeur et de sa banalité contingente. Cette qualité se trouve notamment chez les grands photographes de portrait, mais aussi de paysage, de reportage, et chez certains photographes de mode.

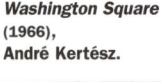

Washington Square (1966), André Kertész.

Réalisme et surréalisme

André Kertész (1894-1985), photographe d'origine hongroise, est considéré comme le père de la photographie

moderne, à la fois pour sa liberté créatrice et la simplicité de son regard qui explique peut-être la longévité de son œuvre (70 ans de photographies). Il est reconnu très tôt par certains surréalistes.

En 1927, le dadaïste Paul Dermée écrit pour sa première exposition un poème intitulé *Frère Voyant* qui montre la possibilité d'un *réalisme surréel* et d'une vision poétique. La même année, Dalí (1904-1989) écrivait en catalan pour *L'Amic de les Arts*: «*La photographie est essentiellement le véhicule le plus sûr de la poésie et le procédé le plus agile pour percevoir les transvasements les plus délicats entre la réalité et la surréalité… Imagination photographique, plus rapide et agile dans les trouvailles que les troubles procédés de l'inconscient!… Photographie captatrice de la poésie la plus subtile et la plus incontrôlable.*»

Charles Baudelaire (1862), Étienne Carjat.

⌐Qu'est-ce qu'une « bonne » photographie ?

Une photo qui *parle* ou une photo qui *chante*? Une photo qui parle est une photo qui répond à une intention précise, aux fonctions qu'on attend d'elle: informer, représenter, donner envie. Le meilleur exemple en est la publicité. Ce n'est pas forcément une photographie créative.

Selon Barthes, une photographie peut être dite créative quand elle est musicale. Mais il est clair qu'une photographie doit être prioritairement intelligible, lisible. On rejoint ainsi les deux grands principes créateurs qui prévalaient au Moyen Âge: la *lumière*, principe du connaître, et la *musique*, principe esthétique des formes visibles et sonores.

On comprend mieux la difficulté de l'acte de création photographique. Comme le dit Guy Le Querrec (né en 1941), c'est «*l'art de ne pas presser sur le bouton*», c'est-à-dire l'art de maîtriser une émotion qui ne doit pas être seulement subjective et ordinaire ou brute, mais intentionnelle et créatrice.

Rien n'est venu donner autant raison au surréalisme que la photographie. Par la totale liberté de sa mise en œuvre, la photographie vient bouleverser le processus créatif.

La lumière

La lumière est nécessaire à la vie du corps et de l'esprit, et elle intervient aussi bien dans la connaissance sensible que dans la connaissance intellectuelle. Ses qualités sont actives de manière continue depuis la formation de l'image sténopéique jusqu'à la dernière seconde de pose sur un papier photographique.

« Une sorte de lien ombilical relie le corps de la chose photographiée à mon regard : la lumière, quoique impalpable, est bien ici un milieu charnel, une peau que je partage avec celui ou celle qui a été photographié. Il paraît qu'en latin "photographie" se dirait : imago lucis opera expressa ; *c'est-à-dire : image révélée, "sortie", "montée", "exprimée" (comme le jus d'un citron) par l'action de la lumière. »* **(Barthes).**

Principe du connaître

La lumière, à la fois physique et intellectuelle est, comme on le disait au Moyen Âge, «le principe du connaître». Énergie et matière, onde et particule, première chose créée, d'après la Bible, la lumière reste un mystère pour la science. «*Nous saurions beaucoup de choses si nous savions ce qu'est un rayon lumineux.*» (L. de Broglie)

La couleur de la lumière influe sur la photographie en couleurs mais aussi sur la photographie en noir et blanc. Toute lumière est colorée, quoique la sensibilité de l'œil ne permette pas toujours de distinguer cette coloration.

Esthétique de la lumière

La lumière étant une qualité active, elle a son esthétique propre. De la même façon que les paroles sont sonores avant de signifier, et que la manière dont on dit une chose peut en pervertir le sens, la réalité visible, intelligible, connaissable, avant même d'être perçue, par le sens de la vue ou par l'intelligence, baigne dans une atmosphère lumineuse. Il y a dans la lumière, principe formel antérieur à la couleur, une qualité propre à éveiller les sentiments les plus extrêmes (on parle d'une lumière dure, douce, violente, d'une belle lumière…). La manière d'éclairer, le contraste, la densité, la douceur ou la dureté, la haute ou basse intensité, le clair-obscur sont autant de modes d'existence de la lumière et de ses qualités formelles. «*Moi, la lumière de chaque jour me met en marche*». (Doisneau)

Photographie et cinéma

Dans le cinéma d'après-guerre, l'importance du directeur de la photographie est capitale. La lumière est une qualité

La petite fille au lapin. **Portugal (1954), Jean Dieuzaide.**

que seul le noir et blanc met véritablement en valeur : on le voit notamment dans le film de Wim Wenders *Les Ailes du désir*. Une des raisons de l'appauvrissement des films est la disparition progressive de la direction de la photographie au profit des effets spéciaux.

Henri Alekan (né en 1909), directeur de la photographie de films célèbres (*La Belle et la Bête, Quai des Brumes*) était aussi théoricien de la lumière. Il distingue entre *éclairement*, *lumination* et *climat-lumière*. L'éclairement est la face visible de la lumière, c'est son aspect physique. On peut l'étudier scientifiquement et le mesurer (intensité, couleur, contraste). La lumination ne peut être saisie que par ses effets subjectifs sur nos sentiments. Le climat-lumière est constitué par l'éclairement enrichi de la lumination et entre dans le *complexe plastique* de l'image, dont le rôle est de « donner à voir », ou « donner à ressentir », c'est-à-dire tout à la fois créer du visible et suggérer l'invisible.

Principe du connaître et du voir, la lumière a son esthétique propre.

Noir et blanc ou couleur ?

La photographie en noir et blanc peut sembler aujourd'hui un peu vieillotte. Elle résiste pourtant bien grâce à ses propriétés de conservation et sa force d'expression.

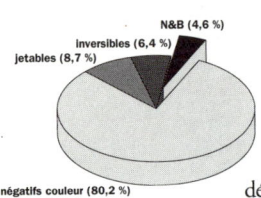

négatifs couleur (80,2 %)

N&B (4,6 %)
inversibles (6,4 %)
jetables (8,7 %)

Vente de films « 24 x 36 » en 1994. (source : *Photographie*, avril 1995).

L'âme du noir et blanc

La différence psychologique entre perception en noir et blanc et perception en couleur est assez mystérieuse, et souvent nous n'arrivons à la définir qu'en termes poétiques ou métaphoriques. C'est l'avis du cinéaste Steven Spielberg, qui déclare : « *Je trouve que le noir et blanc est un sérum de vérité. La couleur m'a toujours paru être un sédatif.* »
Lié à la forme plus qu'à la teinte, qui distrait, le N&B est une sorte d'abstraction élémentaire, non intellectuelle, de la forme intelligible dans son chemin vers l'esprit. Il met en valeur ce qu'au Moyen Âge on appelait « la splendeur de la forme », c'est-à-dire son double rayonnement, sensible et intelligible. Notre attirance quasi « naturelle » pour le noir et blanc est peut-être la preuve de l'existence d'un sens spirituel dans la faculté sensible.
« *Trop de couleur distrait le spectateur.* » (Jacques Tati)

Zone system

La « gamme » de valeurs du noir au blanc fonde la technique du *zone system*, élaborée en 1940 par Ansel Adams et qui permet d'exploiter le mieux possible les richesses et la sensibilité de l'émulsion* argentique. Cette technique de restitution des valeurs offre des possibilités créatrices assez semblables à une gamme musicale.

Conservation

À l'exception des papiers polyuréthane, dits « R.C. », en comparaison des émulsions couleurs, films ou papiers, les émulsions N&B ont une durée de vie quasiment illimitée, si le développement* a été réalisé dans de bonnes conditions. On dit pourtant que la couleur c'est la vie. Or, en photographie comme en imprimerie, la lumière fait pâlir, et même, dans certains cas, fait disparaître les couleurs: les affiches laissées au bord des routes deviennent monochromes. La couleur c'est donc aussi ce qui passe (et ce qui lasse?) alors que la valeur reste.

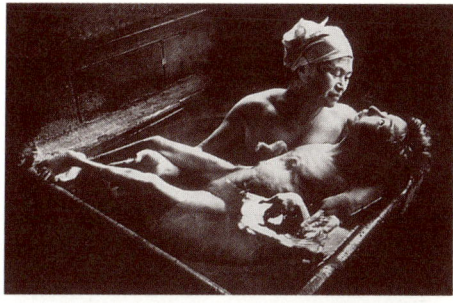

Minamata (1972),
Eugene Smith.

L'essence du N&B

Il est vrai que le N&B laisse une sensation de vérité et que nous colorons de nos sentiments la réalité. Se pose ainsi la question, *essentielle*, des différents niveaux, ou des modes de perception de la réalité. Lorsqu'on cligne des yeux, la couleur disparaît pour ne laisser que des contrastes lumineux, du noir, du blanc, du gris. Le N&B serait-il plus réel que la couleur? ou plus essentiel? La couleur serait-elle réservée, dans les magazines, aux «Hot News», aux vedettes de spectacle… et à la photo de famille – mais là encore, on peut s'interroger: toutes les photos de famille que nous découvrons avec émerveillement dans nos greniers ont conservé, après deux, trois ou quatre générations, toute leur présence, leur magie.

N&B et message publicitaire

Les publicistes, spécialistes du message visuel, maîtrisent bien la question. Dans une campagne, il y a toujours une intention sous-jacente qui fait choisir le N&B plutôt que la couleur. Il est choisi soit dans un souci d'esthétisme et de sophistication (mode féminine, campagnes de sous-vêtements), soit dans un souci de vérité, d'authenticité, ou de réalisme (campagnes humanitaires). Il ajoute une dimension sérieuse à une campagne. Il est intéressant de noter que les campagnes politiques sont toutes réalisées en couleur… comme si on voulait insister sur le critère humain plutôt que sur celui de vérité – est-ce une preuve d'humilité ?

> Il est souvent difficile de dire ce qui fonde la valeur du N&B.

Les mondes de la photographie

Différents univers socioprofessionnels ont trait à la photographie : ceux des industries photographiques, ceux qui pratiquent la photographie, les agences qui la représentent, et ceux qui la montrent ou la conservent.

Projection dans le théâtre antique à l'occasion des Rencontres internationales de la photographie d'Arles.
Photo de Jean Dieuzaide.

Les industries photographiques

La production d'images photographiques reste dépendante de la fabrication d'appareils de prise de vue, et particulièrement d'optiques et de surfaces sensibles. Les grandes marques comme Ilford et Kodak ont une politique d'aide aux jeunes photographes. Mais la loi de marché qui prévaut s'est souvent faite au détriment de la qualité : en vingt ans, la variété et la qualité des films et papiers photographiques s'est appauvrie. L'optique et la mécanique des appareils de prise de vue se sont laissé encombrer par le gadget technologique. On se souvient de la campagne menée par Jean Dieuzaide en 1977 contre la disparition progressive des papiers photographiques traditionnels au profit des papiers «RC» (à développement rapide).

Ceux qui pratiquent

Il est parfois difficile de situer la photographie d'auteur entre amateurisme et professionnalisme. Les plus grands noms de la photographie ont été souvent de grands amateurs (Doisneau, Cartier-Bresson). En règle générale, le photographe est plus ou moins libre et créateur dans l'exacte mesure où il est plus ou moins lié aux contraintes économiques et aux conditions d'utilisation de l'image à produire.

Parmi ceux qui pratiquent il faut ajouter, même s'ils sont très isolés, les derniers survivants du laboratoire traditionnel (Salaün, Paradinas, spécialistes du tirage N&B d'exposition) et des procédés anciens: Pierre Brochet, A.P.A. (Association pour la photographie ancienne). À la fois techniciens artisans et formateurs, ils perpétuent une tradition.

Les agences

Les agences forment un monde à part, qui se divise plutôt par l'esprit que par le chiffre d'affaires. Un peu comme il y a, dans le domaine humanitaire, l'esprit des *"french doctors"*, dans le monde des agences de photographes on parle des «mercenaires français». C'est l'agence Magnum (1947) qui la première a instauré une déontologie de la photographie de presse. Les agences de photographes (Magnum, Gamma, Sygma, Sipa, Vu, Métis) se distinguent des agences de presse (AP, Associated Press; AFP, Agence France presse; UPI, United Press International; Reuter) par leur volonté plus ou moins affirmée de défendre le photographe auteur.

Ceux qui montrent et conservent

Aussi liés aux lois économiques, se partagent entre:
– le privé à but lucratif (les magazines spécialisés, les éditeurs de livres photographiques, les galeries d'art spécialisées en photographie);
– le privé à but non lucratif (associations loi 1901 subventionnées), centres régionaux, galeries, qui sont souvent éditeurs, possèdent des collections, organisent des rencontres photographiques, des concours ou des stages (Rencontres d'Arles, Printemps de Cahors, Mois de la Photo à Paris, Visa pour l'Image…);
– le public: les institutions nationales (CNP, Mission du Patrimoine, Bibliothèque nationale, musées…).
Il faut ajouter à ceci le monde de ceux qui théorisent la photographie (critiques, historiens, philosophes) et ceux qui l'enseignent: en dehors de l'École Nationale de la Photographie d'Arles, on trouve en France quelques écoles privées et Instituts Universitaires Professionnalisés dans certaines universités.

Le monde de la photographie est un monde relativement petit. La qualité d'une photographie dépend de la qualité de fabrication des grandes industries.

La commande photographique et les aides à la création

La commande privée, apparue après la Deuxième Guerre mondiale avec les structures de marché des « temps modernes », était rendue nécessaire par les besoins croissants de la publicité, les magazines d'information ou les magazines spécialisés.

Les grandes commandes publiques

La commande publique est rarement anonyme. Elle consiste, pour un organisme public, à réunir plusieurs grands noms de la photographie sur un thème donné.

En France, la *Mission Héliographique* (1851) était une

Migrant mother, Mission de la F.S.A. (1936), Dorothea Lange.

volonté de créer une mémoire des monuments nationaux. Aux États-Unis, la *Farm Security Administration* (1935-1942) recrute une douzaine de photographes, dont Dorothea Lange et Walker Evans, pour faire un bilan objectif de la campagne américaine après la crise de 1929.

En France, la *Mission Photographique de la DATAR* (1984-1988) convoquait une trentaine de photographes français et étrangers afin de saisir un moment singulier de l'évolution du territoire, avec une relative liberté d'expression. En 1989, la *Mission Photographique Transmanche* reprenait le même principe autour du projet de construction du tunnel sous la Manche. Ces deux commandes publiques ont la particularité d'ajouter, à leur projet d'inventaire, un projet spécifiquement photographique en faisant appel à des auteurs dont les œuvres originales rendent compte d'une vision créative à une époque donnée. Entre 1987 et 1990, *Les Quatre Saisons du Territoire* invitaient dix photographes français et étrangers à réaliser un travail photographique portant sur le paysage des cent une communes du territoire de Belfort. Le cahier des charges de cette commande se terminait sur cette remarque qui reflète bien l'esprit des commandes modernes : « *Conçue comme une aide à la création, cette mission, parce qu'elle porte sur le paysage du Territoire de Belfort, est également destinée à favoriser l'intérêt du public local pour la photographie.* »

Autres moyens de promotion des auteurs photographes

Depuis 1981, en France, le ministère des Affaires étrangères permet à des artistes français de séjourner à l'étranger grâce aux bourses de la *Villa Médicis hors les murs*. Le ministère de la Culture et de la Communication (par le biais du CNAP) accorde pour sa part les bourses du FIACRE, qui aident les artistes pour un projet de recherche à l'étranger. La Villa Médicis à Rome, sous sa tutelle, accueille chaque année des créateurs de toutes disciplines. La liste des bourses et concours est longue. On notera cependant : les bourses du Patrimoine (Mission du patrimoine photographique), les bourses d'associations : Prix Nadar, Prix Niepce, Paysages Européens (prix de la galerie Robert-Doisneau), Prix Henri Vincenot.

Les Moins Trente, bourse de la jeune photographie en France, attribuée les années paires, s'adresse aux photographes de moins de trente ans. Il existe également le Grand Prix international Henri Cartier-Bresson, ainsi que les prix classiques attribués par les grandes marques : Leica, Ilford, Kodak, Angénieux, le mécénat privé : Crédit Foncier de France, Fondation Cartier.

Acquisitions ou achats publics

La plupart des grands organismes publics nationaux, régionaux ou municipaux chargés de promouvoir la photographie ont un fonds d'acquisition, rémunéré ou non.

Noter que l'une des plus importantes collections de photographies françaises et étrangères est alimentée par le dépôt légal de la Bibliothèque nationale (Département des estampes et de la photographie contemporaine).

> La commande, publique ou privée, est le moyen le plus courant dans la diffusion de la photographie.

Quelques notions de droit

Il a fallu attendre 1957 pour que la photographie soit considérée comme *œuvre de l'esprit*, soumise à une législation particulière.

Ayant droit : personne physique ou morale à qui l'auteur a cédé des droits sur une partie ou la totalité de son œuvre par voie de succession, d'un legs ou d'une cession.

Le Baiser aux jonquilles (1950), **Robert Doisneau.**

Les sanctions

Devant la loi, sont passibles de sanctions :
– toute utilisation d'une photographie sans autorisation de l'auteur (implicite dès que la photographie est en circulation) ;
– toute utilisation qui ne fait pas paraître le nom de l'auteur (ou de la personne morale ou physique qui possède les droits d'exploitation, agence, association…) ;
– toute modification abusive (recadrage, coloriage ou tout autre procédé).

Le droit d'auteur

Le droit d'auteur recouvre des prérogatives relevant du *droit moral* et d'autres relevant du *droit patrimonial*. Selon le droit moral l'auteur jouit du droit au respect de son nom et de sa qualité ainsi qu'au respect de son œuvre. Le droit moral est perpétuel (non limité dans le temps), inaliénable (il ne peut être cédé) et imprescriptible. Selon le droit patrimonial, appelé aussi droit d'exploitation ou droit pécuniaire, l'auteur doit jouir de son vivant du droit exclusif d'exploiter son œuvre et d'en tirer un profit pécuniaire. Le droit patrimonial est limité dans le temps, la durée de protection est de 50 ans à compter de l'année suivant celle du décès de l'auteur, prolongée en cas de guerre. Au-delà, l'œuvre entre dans le domaine public. Les droits patrimoniaux peuvent être cédés à titre gratuit ou à titre onéreux à des tiers, sous certaines conditions.

Le droit d'auteur est un droit de propriété incorporelle. La personne ou l'organisme qui détient le document (tirage, diapo…) ne possède pas obligatoirement la jouissance du droit d'auteur. Le symbole © (copyright) suivi du nom du titulaire des droits signifie qu'avant toute utilisation il faudra obtenir l'autorisation du titulaire des droits (auteur ou **ayant droit**), comportant généralement une contrepartie financière.

Le « critère d'originalité », une notion ambiguë

La loi de juillet 1985 supprimant la distinction qui avait été introduite en 57 entre photographie artistique et documentaire, les juges ont dû faire appel à la notion de «critère d'originalité», utilisée de manière très souple. Ce critère pourra s'appliquer (en faveur de ou contre) n'importe quel photographe, amateur ou professionnel. Mais tout amateur, inconsciemment, photographie «à la manière de» tel ou tel grand maître. La souplesse de loi ne sanctionnera donc pas les amateurs de bonne foi mais seulement les œuvres dont l'intention de contrefaçon à des fins pécuniaires aura été démontrée.

Droit de la personne ou des biens photographiés

La loi interdit de prendre une photographie d'une personne ou d'un bien lui appartenant, et à plus forte raison d'utiliser cette photographie, d'une façon ou d'une autre, sans le consentement de la personne concernée. Mais dans certaines conditions, on considère que ce consentement est tacite (manifestations, personnalités prises dans l'exercice de leur fonction, etc.). De la même façon, la photographie d'une œuvre d'art non tombée dans le domaine public nécessite le consentement de son auteur.

Les procès autour de la photographie sont souvent retentissants. Les ambiguïtés proviennent en partie du flou juridique entourant certains aspects de la photographie. Le droit, dans ce cas, procède par tâtonnements, c'est-à-dire par jurisprudence.

Les grandes étapes

1816
Premières expériences de Nicéphore Niepce.

1826
Niepce : 1re épreuve photochimique sur étain et sur verre.

1829
Contrat d'association entre Niepce (qui meurt en 1833) et Daguerre, (la *daguerréotypie* est le 1er nom officiel donné à la photographie).

1839
3 juillet : à Paris, devant la Chambre des députés, Arago annonce la découverte de la *daguerréotypie*.
Bayard : 30 photographies sur papier positif direct.

1841
L'anglais Talbot invente le *calotype*, papier à image latente.

1844
1er livre de photographie par Talbot : *The pencil of nature*.

1847
Négatif sur verre albuminé de Abel Niepce de Saint-Victor, neveu de Nicéphore Niepce.

1848
Image en couleur du spectre solaire par Becquerel.

1849
Stéréoscope à prismes de Brewster (G.-B.).

1850
Procédé au collodion humide par Scott Archer (G.-B.).

1851
1er journal photo : *La Lumière,* Paris.
1re commande publique en France : la *Mission Héliographique*.

1852
Londres : 1re exposition entièrement photographique.

1853
Fondation de la *Photographic Society of London*.

1854
Fondation de la *Société française de photographie*.
Disdéri dépose le brevet de la « carte de visite ».

1855
Fenton (G.-B.), 1res photographies de guerre en Crimée.
Papier au charbon de Poitevin.

1858
Nadar : 1re photo aérienne en ballon.

1859
Exposition de la S.F.P., conjointement à la peinture, au Salon des beaux-arts. Article virulent de Baudelaire, critique d'art.

1860
Les frères Bisson (F.), série sur le mont Blanc et ses glaciers.

1861
Nadar : photographies au magnésium dans les catacombes et les égouts de Paris.
Brady (États-Unis) et son équipe couvrent la guerre de Sécession.

1869
Procédés trichromes énoncés par Ducos du Hauron et Cros à la S.F.P.

1870
Certaines photos de la Commune de Paris seront utilisées par la police à des fins répressives.

1871
Maddox (G.-B.) : gélatino-bromure d'argent.

1873
1re reproduction de photo dans la presse (New York, *Daily Graph*).

1878

Muybridge (G.-B.), invention de la chrono-photographie, ancêtre du cinématographe.

1880

Fondation de l'usine Lumière à Lyon.

1882

Bertillon (F.): 1er fichier anthropométrique accompagné de photographies.

1884

Eastman negative paper (États-Unis). Carbutt (États-Unis): film plan sur support celluloïd.

1888

Eastman (États-Unis): 1ers appareils Kodak.

1893

Edison: film perforé 35 mm.

1894

1re exposition d'art photographique, Paris.

1895

Frères Lumière: Cinématographe.
1re photo aux rayons X par Roentgen.

1903

Lumière: développement-inversion d'une émulsion. 1ers autochromes.

1905

Ouverture par Stieglitz, à New York, de la 1re Galerie photographique: la *Galerie 291*.

1907

Mise au point par Belin (F.) de la bélinographie (téléphotographie).

1910

Wood (États-Unis): expériences en ultraviolet et en infrarouge.

1916

1er film négatif couleur Agfacolor (D).

1920

Création de l'agence Keystone à Paris.

1925

1er Leica commercialisé par Leitz.

1926

Le Metropolitan Museum of Art de New York commence sa collection de photographies.

1931

1er flash électronique par le Pr Edgerton (États-Unis).

1935

1er film Kodachrome inventé aux États-Unis par les chimistes Godowsky et Mannes.

1940

Le MOMA de New York ouvre un département photographie.

1942

1er film Kodacolor.

1947

Création de l'agence Magnum
Invention du Polaroïd 95. Land (États-Unis).

1950

1re «Photokina» à Cologne.

1955

Exposition *The Family of Man* au MOMA, New York.

1963

Invention du Cibachrome.

1966

Ouverture de l'International Center of Photography (ICP), New York.

1970

1res «Rencontres internationales de la photographie» en Arles.

1974

Jean Dieuzaide ouvre la Galerie du Château d'Eau à Toulouse.

1978

Création de la Fondation nationale de la Photographie, Lyon.

1984

Mission Photographique DATAR (F).

Quelques citations...

« Quand une image me parle, par politesse je lui réponds, par un clin d'œil d'obturateur, complice. »
Michel Maïofiss

« Que l'homme extérieur soit une image de l'homme intérieur, et le visage une expression révélatrice de l'ensemble du caractère, voilà un postulat assez vraisemblable en lui-même et sur lequel on peut donc s'appuyer en toute sûreté, étayé qu'il est par le fait que les gens désirent toujours voir toute personne qui s'est rendue célèbre... La photographie... offre la satisfaction la plus complète à notre curiosité. »
Schopenhauer

« Le Daguerréotype n'est pas seulement un instrument qui sert à dessiner la nature... [il] lui donne le pouvoir de se reproduire elle-même. »
Louis Daguerre

« La photographie paraît une occupation facile, mais elle exige une force de concentration jointe à un enthousiasme, à une discipline d'esprit et à un sens de la géométrie. C'est par une grande économie de moyens que l'on parvient à une simplicité d'expression. On doit toujours photographier dans le plus grand respect du sujet et en fonction de son propre point de vue.
La photographie est une opération immédiate des sens et de l'esprit, c'est le monde traduit en termes visuels, à la fois une interrogation et une réponse. C'est, dans une même fraction de seconde, la reconnaissance d'un fait et l'organisation rigoureuse des formes perçues visuellement qui expriment et signifient ce fait. C'est retenir son souffle, pendant que toutes les facultés convergent face à la réalité fuyante. C'est mettre l'esprit, l'œil et le cœur sur une ligne de mire. »
Henri Cartier-Bresson

« Si je pouvais raconter l'histoire avec des mots, je n'aurais pas besoin de trimbaler un appareil photographique. »
Lewis Hine

« Les rédacteurs de Life refusèrent les photos de Kertész, à son arrivée aux Etats-Unis, en 1937, parce que, dirent-ils, ses images « parlaient trop » ; elles faisaient réfléchir, suggéraient un sens – un autre sens que la lettre. Au fond la Photographie est subversive, non lorsqu'elle effraie, révulse ou même stigmatise, mais lorsqu'elle est pensive. »
Roland Barthes, *La Chambre claire*.

« Je prends une photo pour voir à quoi cela ressemblera une fois photographié. »
Garry Winogrand

« La photographie est un système de montage visuel. Elle se ramène au fond à cerner par un cadre une portion de notre cône de vision, alors qu'on se trouve au bon endroit et au bon moment. Comme les échecs, ou l'écriture, elle consiste à choisir parmi des possibilités données, mais dans le cas de la photographie, le nombre des possibilités n'est pas fini, mais infini. »
John Szarkowski

« La Photographie est une découverte merveilleuse, une science qui occupe les intelligences les plus élevées, un art qui aiguise les esprits les plus sagaces – et dont l'application est à la portée du dernier des imbéciles. Cet art prodigieux qui de rien fait quelque chose, cette invention miraculeuse après laquelle on peut tout croire, ce problème impossible dont les savants qui le résolvent depuis quelque vingt années en sont encore à chercher le mot, cette Photographie qui, avec l'électricité appliquée et le chloroforme, fait de notre xixe siècle le plus grand de tous les siècles – cette surnaturelle Photographie est exercée chaque jour, dans chaque maison, par le premier venu et le dernier aussi, car elle a ouvert un rendez-vous général à tous les fruits secs de toutes les carrières. Vous voyez à chaque pas opérer photographiquement un peintre qui n'avait jamais peint, un ténor sans engagement, et de votre cocher comme de votre concierge je me charge – c'est sérieusement que je le parle – de faire en une leçon deux opérateurs photographes de plus. La théorie photographique s'apprend en une heure; les premières notions de pratique, en une journée. Voilà ce qui s'apprend, Maître Dillais, aussi facilement que j'ai l'honneur de vous l'exposer – et ce qui fait que tout le monde, sans aucune espèce d'exception, peut aspirer du jour au lendemain à se dire photographe, sans témérité.

Ce qui ne s'apprend pas, je vais vous le dire: c'est le sentiment de la lumière, – c'est l'appréciation artistique des effets produits par les jours divers et combinés, c'est l'application de tel ou tel de ces effets selon la nature des physionomies qu'artiste vous avez à reproduire. Ce qui s'apprend encore beaucoup moins, c'est l'intelligence morale de votre sujet – c'est ce tact rapide qui vous met en communication avec le modèle, vous le fait juger et diriger vers ses habitudes, dans ses idées, selon son caractère, et vous permet de donner, non pas

banalement et au hasard, une indifférente reproduction plastique à la portée du dernier servant de laboratoire, mais la ressemblance la plus familière et la plus favorable, la ressemblance intime. – C'est le côté psychologique de la photographie, le mot ne me semble pas trop ambitieux (…).

Voilà les qualités qui peuvent seules faire attacher quelque amour-propre aux résultats d'opérations que leur simplicité élémentaire met à la portée de tout le monde: voilà ce qui donne la valeur véritable aux œuvres photographiques, ce qui les différencie – et ce qui consacre pour chacun le droit de se réclamer de ses œuvres et de ne permettre à personne d'usurper le nom qui les signe.»

Félix Nadar, *Mémoire pour la revendication de la propriété exclusive du pseudonyme Nadar*, Mémoires du tribunal de Paris, 1857.

La comtesse de Castiglione
(vers 1864), Louis Pierson.

Adresses utiles

Institutions

Centre national de la photographie
42 avenue des Gobelins 75013 Paris
Inspection générale de la photographie
27 avenue de l'Opéra 75001 Paris
Mission du Patrimoine photographique
19 rue de Réaumur 75003 Paris
Paris audiovisuel
35 rue de La Boétie 75008 Paris
Atelier de restauration
des photographies de la Ville de Paris
14 rue Payenne 75003 Paris
Société française de photographie
Bibliothèque nationale,
4 rue Vivienne 75002 Paris

Musées et collections

Bibliothèque nationale
département des estampes et photographie
58 rue de Richelieu 75002 Paris
Maison européenne de la photographie
82 rue François-Miron 75004 Paris
Musée Carnavalet
29 rue de Sévigné 75003 Paris
Musée national d'Art moderne
Centre Georges-Pompidou 75191 Paris
Musée d'Orsay
1 rue de Bellechasse 75007 Paris
Musée français de la photographie
78 rue de Paris 91570 Bièvres
Musée Nicéphore Niepce
28 quai des Messageries
71100 Chalon-sur-Saône

Galeries et lieux d'exposition

Paris

Espace photographique des Halles
Nouveau Forum des Halles, place Carrée,
4 à 8 Grande Galerie 75001 Paris
Galerie Michèle Chomette
24 rue Beaubourg 75003 Paris
Galerie Contrejour
96 rue Daguerre 75014 Paris
Galerie Agathe Gaillard
3 rue du Pont Louis-Philippe 75004 Paris

Galerie Jean-Pierre Lambert
3 place du Marché Ste-Catherine 75004 Paris
Galerie Samia Saouma
16 rue des Coutures St-Gervais 75003 Paris
Galerie Zabriskie
37 rue Quincampoix 75004 Paris

Province

Galerie Municipale du Château d'eau
Place Laganne 31300 Toulouse
Galerie du Forum
Rue de la République 31300 Toulouse
Centre photographique d'Île-de-France
Hôtel de ville 77347 Pontault-Combault
Centre régional de la photographie
Nord – Pas-de-Calais
Place des nations. 59179 Douchy-les-Mines
Galerie Robert Doisneau
1 place de l'Hôtel de ville
54504 Vandœuvre-les-Nancy
Galerie Le Lieu
11 bis Place Anatole-Le Braz 56100 Lorient
Galerie Le réverbère 2
38 rue Burdeau 69001 Lyon
Galerie Vrais Rêves
6 rue Dumenge 69004 Lyon

Manifestations

Mois de la Photo
Paris audiovisuel
35 rue de La Boétie 75008 Paris
Rencontres internationales
de la photographie
10 rond-point des arènes 13632 Arles
Printemps de la Photographie
125 rue Fondue Haute 46000 Cahors
Mai de la Photographie
9 rue Thiers 51100 Reims
Visa pour l'image
18 rue Émile-Zola 66000 Perpignan

Associations professionnelles

Association française des photographes
professionnels indépendants
69 rue de Richelieu 75002 Paris

Union des photographes créateurs
12 rue Chabanais 75002 Paris
Groupement national
de la photographie professionnelle
14 rue des Bernardins 75005 Paris

Enseignement / Documentation

École nationale de la photographie
16 rue des Arènes 13000 Arles
École nationale supérieure Louis Lumière
7 allées du Promontoire
93161 Noisy-le-Grand
Université Paris-VIII
2 rue de la liberté 93526 Saint-Denis
École technique privée
de photographie et d'audiovisuel ETPA
7 rue Eugène-Labiche 31200 Toulouse

La Documentation française
(Service iconographique)
8 avenue de l'Opéra 75001 Paris
Maison européenne de la photographie
82 rue François-Miron 75004 Paris
Centre de documentation photographique
de la Galerie du Château d'eau
Place Laganne 31300 Toulouse

Agences

Gamma 70 rue Jean-Bleuzen 92170 Vanves
Magnum 5 passage Piver 75011 Paris
Métis 4 impasse du Mont-Tonnerre
75011 Paris
Rapho 8 rue d'Alger 75001 Paris
Reuter 19-21 rue Poissonnière 75002 Paris
Sygma 74 bis rue Lauriston 75016 Paris
Vu 11 rue Béranger 75003 Paris

Bibliographie

Histoire de la photographie

FRIZOT (Michel)
Nouvelle histoire de la photographie,
Bordas, 1994

LEMAGNY (Jean-Claude) ROUILLÉ (André)
Histoire de la photographie, Bordas, 1986

NORI (Claude)
*La Photographie française
des origines à nos jours,* Contrejour

ROSENBLUM (Naomi)
Une histoire mondiale de la photographie,
Abbeville Press, 1992

VAN LIER (Henri)
Histoire photographique de la photographie,
ACCP, 1992
Histoire de voir, Centre national de la
photographie, coll. « Photopoche » n° 40

Textes théoriques

BARTHES (Roland)
*La Chambre claire : notes sur la
photographie,* Seuil, 1980

BOURDIEU (Pierre)
La Photographie, un art moyen,
Éditions de minuit, 1965

DEBRÉ (Régis)
L'Œil naïf, Seuil,1994

DUBOIS (Philippe)
L'Acte photographique, Nathan, 1983

DURAND (Régis)
*Le Regard pensif : Lieux et objets de la
photographie,* La Différence, 1988

FREUND (Gisèle)
Photographie et société, Seuil, 1974

HORVAT (Frank)
Entre Vues, Nathan,1992

ROUILLÉ (André)
*La Photographie en France : textes et
controverses,* Macula,1989

SONTAG (Susan)
Sur la photographie, Éd. C. Bourgois, 1993

Et les monographies de photographes,
édités dans la collection « Photopoche »
du Centre national de la photographie.

Glossaire

ASA: (American Standard Association). Précédé d'un nombre, exprime la sensibilité d'un film. Plus le nombre est élevé, plus la sensibilité du film est grande.

Autochrome: procédé de reproduction photographique des couleurs, mis au point en 1907 par les Frères Lumière.

Cadrage: choix des limites de l'image recherchée et de l'angle de prise de vue en fonction du sujet et du format utilisé.

Calotypie: procédé mis au point par Fox Talbot permettant l'obtention directe de négatif sur papier.

Cellule: instrument de mesure de l'exposition compte tenu de la sensibilité du film.

Contre-jour: prise de vue face à la lumière.

Contreplongée: prise de vue oblique dirigée du bas vers le haut.

Copyright: code international de protection d'une création.

Daguerréotype: premier procédé photographique mis au point par Daguerre permettant l'obtention d'une image unique.

Développement: opération ayant pour but de faire apparaître l'image latente d'une surface sensible qui a été exposée à la lumière.

Diaphragme: élément mécanique de diamètre réglable permettant de doser la quantité de lumière pénétrant dans l'appareil.

Distance focale: distance entre l'objectif et le plan sur lequel l'image est concentrée. Les objectifs grand angle ont une courte distance focale, les téléobjectifs une longue distance focale.

Émulsion: toute couche sensible à la lumière appliquée sur film, papier ou autre matériau photographique.

Épreuve: image photographique positive généralement tirée sur papier.

Exposition: action d'exposer à la lumière un matériau photosensible.

Film: désigne aussi bien la pellicule vierge que la pellicule impressionnée et traitée.

Format: il existe différents formats de l'image négative suivant les appareils. Petit format (24 x 36 cm); moyen format (4,5 x 6 cm; 6 x 6 cm; 6 x 7 cm), grand format (9 x 12 cm; 10 x 12,5 cm ou 4 x 5 inches; 20 x 25 cm).

Holographie: méthode pour créer l'illusion d'une image en trois dimensions.

Image latente: image invisible produite par l'exposition à la lumière sur un matériau sensibilisé et qui devient visible par développement.

Image numérique: image enregistrée et conservée par des moyens électroniques. Syn.: image digitale ou image électronique.

Image photographique : représentation en deux dimensions résultant de l'exposition et du traitement d'une émulsion sensible à la lumière.

Macrophotographie : photographie très rapprochée d'un petit objet visible à l'œil nu.

Microphotographie : photographie d'un objet invisible à l'œil nu au moyen d'un microscope.

Négatif : image photographique visible et stable obtenue après exposition et développement dont les tons sont inversés par rapport au sujet original.

Objectif : système optique comprenant l'ensemble des lentilles et de leur monture destiné à la formation des images. Les différents types d'objectifs sont déterminés par la longueur focale et l'angle de champ.

Photogramme : image photographique obtenue sans appareil en posant directement un objet sur la surface sensible puis en éclairant l'ensemble.

Photogravure : procédé de gravure photochimique en relief, utilisant des clichés métalliques, et l'impression.

Planche contact : feuille de papier photographique sur laquelle a été tirée simultanément par contact une série de négatifs.

Profondeur de champ : distance entre le premier et le dernier plan dans laquelle l'image a une netteté acceptable.

Retouche : intervention manuelle sur le positif ou le négatif ayant pour effet de modifier volontairement l'image initiale.

Stéréoscopie : paire de vues photographiques, prises l'une à côté de l'autre sous un angle très légèrement différent, et montées côte à côte, permettant de donner à travers un stéréoscope l'illusion des trois dimensions.

Sténopé : petit trou permettant d'obtenir une image inversée dans la *camera obscura*.

Surimpression : superposition de plusieurs images à la prise de vue ou au tirage.

Tirage : ensemble des opérations consistant à obtenir une ou plusieurs épreuves positives à partir d'un négatif.

Valeur : nuances de gris que l'œil peut différencier dans une même image photographique.

Virage : opération consistant à transformer une image noir et blanc en une image monochrome dont la teinte dépend de la nature du traitement appliqué (sépia, bleu, rouge, etc.).

Zoom : objectif à longueur focale variable.

Index des noms propres

Le numéro de renvoi correspond à la double page.
Les photographes dont une œuvre figure dans l'ouvrage sont indiqués en gras.

Dans la même collection :

Responsable éditorial : Bernard Garaude
Directeur de collection – édition : Dominique Auzel
Secrétariat d'édition : Mathilde Fournier, Véronique Sucère
Correction – révision : Jacques Devert
Lecture – collaboration : Pierre Casanova
Iconographie : Sandrine Guillemard
Fabrication : Isabelle Gaudon, Hélène Zanolla
Conception graphique : Bruno Douin
Couverture : Olivier Huette

Maquette : octavo

Crédit photos :

DR : pp. 3, 7, 8 / Jean-François Bauret : pp. 9, 20 / DR : p. 10 / Keiichi Tahara : p. 11 /
Anonyme – Mission de la DATAR : p. 12 / Anonyme : p. 13 / Eugène Atget : p. 14 /
Bernard Plossu : p. 15 / Nick Ut – Associated Press : p. 17 / Sebastiao Salgado – Magnum :
p. 19 / Jeanloup Sieff : p. 22 / DR : p. 23 / John Heartfield : p. 24 / Edward Steichen :
p. 27 / Henri Cartier-Bresson – Magnum : p. 29 / Time-Life : p. 30 / René Burri –
Magnum : p. 33 / Étienne Carjat : pp. 36, 43 / DR : p. 37 / DR : p. 38 / Musée
d'Auschwitz : p. 40 / Alphonse Bertillon : p. 41 / André Kertész : p. 42 / Jean Dieuzaide :
pp. 45, 48 / Eugene Smith : p. 47 / DR : p. 50 / Robert Doisneau – Rapho : p. 53 /
Louis Pierson : p. 57

Les erreurs ou omissions involontaires qui auraient pu subsister
dans cet ouvrage malgré les soins et les contrôles de l'équipe
de rédaction ne sauraient engager la responsabilité de l'éditeur.

Aubin Imprimeur, 86240 Ligugé. — D.L. décembre 1995. — Impr. P 50849